LUIZ FRANCISCO DE OLIVEIRA

TRABALHO NO AMBIENTE PRISIONAL

A UTILIZAÇÃO PRÁTICA DO TRABALHO DO APENADO COMO CAUSA DE (RE)INSERÇÃO SOCIAL NO SISTEMA PENITENCIÁRIO

www.editoradelrey.com.br

Editor: Arnaldo Oliveira

Editor Adjunto: Ricardo A. Malheiros Fiuza
(*in memoriam*)

Diagramação: Studio Schaffer

Revisão: Responsabilidade dos autores

EDITORA
Rua dos Goitacazes, 71 – Lojas 20 a 24
Centro - Belo Horizonte-MG
CEP 30190-909

Comercial:
Tel.: (31) 3284-3284 | 3293-8233
vendas@editoradelrey.com.br

Editorial:
editorial@editoradelrey.com.br

O48t Oliveira, Luiz Francisco de.

Trabalho no Ambiente Prisional: A Utilização Prática do Trabalho do Apenado como Causa de (Re) inserção Social no Sistema Penitenciário / Luiz Francisco de Oliveira; Prefácio de Tarsis Barreto Oliveira. - 1. ed. - Belo Horizonte, MG : Editora Del Rey, 2020.
202 p.; 15,5x22,5 cm.

Inclui bibliografia.
ISBN 978-65-5791-011-5

1. Apenado. 2. Direito. 3. Sistema Penitenciário. 4. Trabalho. I. Título. II. Assunto. III. Oliveira, Luiz Francisco de.

CDD 341.5823
20-990680019 CDU 343.813

ÍNDICE PARA CATÁLOGO SISTEMÁTICO
1. Sistemas penitenciários: Trabalho dos presos.
2. Instituições penitenciárias: Trabalho do preso.

Ficha catalográfica elaborada pelo bibliotecário Pedro Anizio Gomes CRB-8 8846

LUIZ FRANCISCO DE OLIVEIRA

TRABALHO NO AMBIENTE PRISIONAL

A UTILIZAÇÃO PRÁTICA DO TRABALHO DO APENADO COMO CAUSA DE (RE)INSERÇÃO SOCIAL NO SISTEMA PENITENCIÁRIO

Del Rey editora

Belo Horizonte
2021

À minha família, em especial, à minha esposa Rogerlaine, e aos meus filhos, William e Gabriela, por compreender a minha ausência nos momentos em que me dediquei na busca do conhecimento durante o período do mestrado.

AGRADECIMENTOS

A elaboração deste trabalho não teria sido possível sem a colaboração, estímulo e empenho de diversas pessoas. Gostaria, por este fato, de expressar toda a minha gratidão e apreço a todos aqueles que, direta ou indiretamente, contribuíram para que esta tarefa se tornasse uma realidade. A todos quero manifestar os meus sinceros agradecimentos.

À minha família, grande responsável por este trabalho. Como diz o adágio popular, *"se perguntarem por onde estive, diga que andei sobre ombros de gigantes"*. Vocês foram os gigantes que me carregaram nos ombros nos momentos de maior angústia. À minha esposa Rogerlaine, nem preciso dizer o quanto sou feliz de estar ao seu lado. Este trabalho você conhece a fundo, pois você sempre foi a primeira a me apoiar em todos os atos de minha vida.

Aos meus filhos, William e Gabriela, por compreender a minha ausência nos momentos em que me dediquei na busca do conhecimento. Por vocês eu tenho que conitnuar sonhando, acreditando e estudando para ajudar na construção de um Brasil cada vez mais humano.

Aos meus pais (*in memoriam*), onde quer que estejam, por me proporcionar a correta educação, valores e por me ensinar a andar. A vocês, que, muitas vezes, renunciaram aos seus sonhos para que eu pudesse realizar o meu, partilho a alegria deste momento. Um dia estaremos todos juntos, na certeza da ressurreição.

Ao amigo Professor Doutor Tarsis Barreto Oliveira, para quem não há agradecimentos que cheguem. As notas dominantes da sua orientação foram a utilidade das suas recomendações e a cordialidade com que sempre me recebeu. Estou grata por ambas e também pela liberdade de ação que me permitiu, que foi decisiva para que este trabalho contribuísse para o meu desenvolvimento pessoal. Sua orientação abriu-me horizontes, ensinou-me principalmente a pensar. Foi, e é fundamental na transmissão de experiências, na criação e solidificação de saberes e nos meus pequenos sucessos.

Ao Dr. Douglas Fischer, Procurador Regional da República na 4ª Região, autor de importantes livros jurídicos, por ter aceito de bom grado o convite para fazer a apresentação da obra. Agradeço pela afabilidade e gentileza que me dispensou sempre que o procurei.

A todos os meus amigos, que me auxiliaram na elaboração e orientação na confecção da dissertação.

A todos os professores que fazem parte do corpo docente do Programa de Mestrado Profissional em Prestação Jurisdicional e Direitos Humanos (MPPJDH), da Universidade Federal do Tocantins (UFT).

Aos meus colegas de Mestrado, pelas trocas de ideias e ajuda mútua, juntos conseguimos avançar e ultrapassar todos os obstáculos. Hoje, se tornam amigos para sempre.

À Escola Superior da Magistratura Tocantinense e à Universidade Federal do Tocantins (corpo docente, direção e administração), que oportunizaram a janela que, hoje, vislumbro um horizonte superior, eivado pela acendrada confiança no mérito e ética aqui presentes.

Aos meus colegas de Promotoria de Justiça. Vocês formam uma bela equipe. Não daria para desenvolver trabalho como este sem que os trabalhos da Promotoria fossem tão bem geridos. A cada dia que passa eu aprendo muito com cada um de vocês.

E por fim, quero agradecer a Deus, por me guiar, iluminar e me dar tranquilidade para seguir em frente com os meus objetivos e não desanimar com as diversas dificuldades. Ele permitiu que tudo isto acontecesse. Ele é o Mestre dos mestres, o Deus de minha vida! Agradeço a

Deus por me haver mantido na caminhada, quando a pobreza e as dificuldades me fizeram pensar em desistir. Quem conhece a minha vida, sabe que o que aconteceu comigo foi obra e graça de Deus!

PREFÁCIO

"Não será preferível corrigir, recuperar e educar um ser humano do que cortar-lhe a cabeça?"

(Fedor Dostoievsky)

"Todo homem é culpado por todo bem que não fez". Com esta frase, expressava no Século XVIII o iluminista François-Marie Arouet, mais conhecido como *Voltaire,* o compromisso ético de cada indivíduo frente ao seu semelhante. As contribuições do grande escritor francês repercutiram em diversos domínios do conhecimento. No campo do Direito Penal, o iluminismo encontrou significativo eco em Cesare Beccaria, na Itália, e John Howard, na Inglaterra, alertando o mundo para as mazelas vivenciadas no cárcere, cujos flagelos ainda se estendem, em maior ou menor medida, aos estabelecimentos penais de todo o mundo. Neste mister, o livro *Dei delitti e delle pene*, de Beccaria, mantem-se, talvez, como a maior obra já escrita no Direito Penal.

A preocupação com a situação penitenciária, mais do que expressiva de natural interesse profissional e acadêmico dos que militam na área criminal, corresponde a sentimento de *humanidade*, indissociável de espíritos imbuídos de bondade e solidariedade para com o próximo. Não se descura deste propósito a compreensão de que as consequências do confinamento destinadas aos presos ricocheteiam inevitavelmente sobre a própria sociedade, quando do retorno desses indivíduos ao convívio social.

Ainda que não se mostre realista no Brasil a materialização da proposta *ressocializadora* (ou, para muitos, de *reinserção social do apenado*), exige o nosso estágio civilizatório o envidamento de esforços para que a pena, indo além da mera purgação do crime cometido ou de mecanismo preventivo de novas infrações, engendre possibilidade concreta de reformulação dos valores morais do apenado, trazendo-o, num processo de diálogo promovido pela pena, para uma atuação em conformidade com as expectativas da sociedade, possibilitando a sua reinserção de forma digna e minimamente adequada ao convívio social.

É nesta seara que se situa a primorosa obra **TRABALHO NO AMBIENTE PRISIONAL"** com subtítulo **"A utilização prática do trabalho do apenado como causa de (re)inserção social no sistema penitenciário"**, do Promotor de Justiça, mestre em Prestação Jurisdicional e Direitos Humanos, Luiz Francisco de Oliveira.

A importância da presente obra reveste-se de dois prismas. Em primeiro lugar, promove o autor vigorosa pesquisa bibliográfica e documental acerca do sistema penitenciário brasileiro, seguida de criteriosa análise crítica sobre os institutos previstos no Código Penal e na Lei de Execução Penal, permeando ainda a evolução histórica das teorias justificadoras da pena, os sistemas penitenciários, até a análise do cumprimento da pena privativa de liberdade no Brasil. Indo além, enfrenta o autor os principais problemas vivenciados no sistema prisional, a exemplo da superlotação, ociosidade dos detentos, falta de assistência médica, sujeição a maus tratos e à tortura, além da precária e desigual oferta de trabalho aos condenados.

O trabalho do preso (dever e direito previsto na Lei de Execução Penal), reveste-se de fundamental importância para o desenvolvimento moral, físico e psicológico, assegurando e promovendo a sua dignidade, e engendrando condições mínimas para a sua reinserção social. No entanto, alerta o autor a inconveniência da oferta de *qualquer trabalho*, senão aquele que possibilidade a emancipação das capacidades do detento, a salvaguarda de sua saúde física e mental, a compatibilidade com as ocupações anteriores ao cumprimento da pena, valorizando as suas habilidades e preparando-o para a reintegração à sociedade, já que, como bem afirmado pelo autor, "trabalho digno é o alicerce para a construção da dignidade do preso".

De outra feita, a contribuição de Luiz Francisco de Oliveira vai além de uma densa pesquisa teórica. Fazendo valer a sua atuação prática como Promotor de Justiça no Estado do Tocantins, evidencia inúmeras ações concretas, viáveis e inovadoras postas em prática em sua Comarca, dando vida a direitos previstos na Lei de Execução Penal e materializando o princípio da dignidade da pessoa humana no ambiente prisional.

A presente obra constitui contribuição relevante para a ciência jurídico-penal, na medida em que evidencia caminhos palpáveis de atuação do Ministério Público, efetivando direitos humanos consagrados na Magna Carta e na legislação penal e processual penal pátrias, sem falar da diminuição dos efeitos da reincidência e da busca de humanização do sistema de cumprimento da pena. Trata-se, a bem dizer, de uma retomada de postura na atuação histórica do Ministério Público, indo além do mero intento acusatório para o engajamento no processo de construção de ambiente favorável para o cumprimento da pena, ofertando, por meio de iniciativas próprias e da fiscalização frente aos órgãos responsáveis, políticas públicas que possibilitem ao condenado condições adequadas de trabalho no cárcere.

Dada a invejável capacidade intelectual do autor, não se poderia esperar outra contribuição para a literatura jurídica. Graduado em Direito pelo Centro Universitário de Sete Lagoas, especializou-se em Direito de Família, Administração Pública e em Direito Processual Civil, tendo exercido o cargo de Advogado da União na Procuradoria da União em Minas Gerais. Atualmente Promotor de Justiça do Ministério Público do Estado do Tocantins, possui atuação destacada frente ao Órgão, tendo atuado como membro titular do Grupo Especial de Controle Externo da Atividade Policial e Estabelecimentos Prisionais do Estado do Tocantins (GECEP/MPTO) e da Comissão Permanente de Segurança Institucional do Ministério Público, sendo atualmente membro do Grupo Especial de Controle Externo da Atividade Policial e Estabelecimentos Prisionais (GECEP/MPTO). A sua trajetória profissional é espelho da busca incessante por conhecimento e constante qualificação, culminando na conclusão, com méritos, do seu Mestrado em Prestação Jurisdicional e Direitos Humanos pela Universidade Federal do Tocantins, e agora, recentemente, pelo seu ingresso no Curso Intensivo válido para o Curso de Doutorado em Direito na Universidade de Buenos Aires, Argentina.

Manifesto, por fim, que o prefácio da presente obra me enche de alegria e imensa honra, ao ver materializado trabalho de envergadura e densidade para as letras jurídico-penais. Enquanto a realidade dura e cruel do cárcere em terras pátrias continuar a produzir condições de tamanho sofrimento e desesperança, obras como a de Luiz Francisco de Oliveira serão absolutamente necessárias e fundamentais.

Palmas-TO, abril de 2020.

Tarsis Barreto Oliveira

Doutor e Mestre em Direito pela UFBA.
Professor de Direito Penal da UFT e UNITINS.
Membro da Association Internationale de Droit Pénal.

APRESENTAÇÃO

Pela primeira vez vou inverter a ordem que normalmente se espera na apresentação de uma obra jurídica. Não falarei dela, mas do seu autor, o amigo Luiz Francisco de Oliveira, colega de Ministério Público (ele no âmbito estadual em Tocantins, eu no federal), pessoa com quem (lamento muito) não tenho contato diuturno, mas desde o primeiro dia que nos conhecemos em Brasília/DF posso afiançar que se trata de alguém realmente preocupado com tornar realidade as obrigações que assumiu como membro do *parquet*, como aqui veremos. E com muita alegria, depois de algum tempo, recebi mensagem sua noticiando a presente obra que estava por sair, com convite para fazer a apresentação. Imediatamente disse sim, honrosamente.

A obra em tela é composta de duas bases fundamentais, embora a divisão em quatro capítulos. Na primeira parte, uma análise importante da teoria sobre penas, tipos de penas e evolução (quando não *involução*) dos sistemas de cumprimento. Proposições objetivas, claras, precisas. Uma obra que flui na leitura. Para quem não estudou ainda, uma aula sistêmica. Para os já afeiçoados, dentre os quais me encontro (com não tanto conhecimento de causa), a certeza de que vai ainda sedimentar e necessariamente agregar compreensões importantes.

A segunda parte, que contém a principal proposição do livro, traz anotações reais de como se dá o cumprimento das penas, demonstrando claramente que não estão sendo observados minimamente os preceitos constitucionais e legais que tratam do tema, notadamente a observância da dignidade da pessoa humana (no caso, dos presos), bem assim da importância de que lhes sejam garantidas reais condições para prestação de serviços como forma de uma efetiva possibilidade de reeducação.

A obra é composta não apenas de aportes teóricos (fundamentais sempre), mas é embasada em dados técnicos do Departamento Penitenciário Nacional, bem assim em casos concretos de trabalho que são realizados em algumas localidades no Estado de Tocantins.

Ao ver tais premissas, sempre relembro que ciência que se desenvolva sem uma finalidade prática não tem sentido algum. Ao menos para mim, com respeito de quem pense em sentido contrário. E Luiz Francisco faz valer essa máxima, une as questões teóricas com a necessária implantação prática daqueles valores que entende essenciais como decorrentes das normas vigentes em nosso sistema jurídico para a consecução dos objetivos, ainda mais quando intrinsicamente ligadas com suas funções de membro do Ministério Público.

Todos sabemos de uma forma geral que o sistema penitenciário brasileiro (ou, como diz o autor, talvez fosse melhor chamar de *carcerário*, pois tem a finalidade quase só de *encarcerar*) está um caos. Muitos não têm a noção da real extensão desse caos (nem eu, admito), salvo pontualmente quando são noticiadas rebeliões ou outros fatos dentro dos presídios. Mas pouco se sabe da *realidade* interna dos cárceres, em alguns casos verdadeiras masmorras.

No Brasil particularmente se faz a crítica de que se "prende muito". Os dados estão referidos e a obra não está direcionada para essa análise, mas ouso dizer: "prendemos mal". Mal porque a grande massa dos presos são oriundos das classes mais baixas, normalmente com crimes não tão relevantes, mas lá estão, no cárcere. A reincidência é grande, exatamente por um viés apresentado pelo autor na obra, no sentido de que não são garantidas espécies de trabalho interno que, depois, permitam ao reeducando uma inserção social com expertisse necessária para garantir subsistência sua e de sua família na grande maioria dos casos.

Nessas horas, relembro sempre o mestre Luigi Ferrajoli (*aqui no Brasil com muitas de suas ideias deturpadas por alguns com concepções ideológicas bastante claras, mas isso é assunto para outro debate*). Numa de suas obras (pouco lidas aqui), Ferrajoli destaca (com absoluto acerto) que "*o Estado deve preocupar-se com as infrações cometidas pelos senhores - corrupção, balanços falsos, valores sem origem e ocultos, fraudes ou lavagem de dinheiro, ao contrário do que normalmente se faz em relação à propaganda da necessária punição exclusiva dos crimes que "ocorrem nas ruas".(Democracia y garantismo. Edición de Miguel Carbonell. Madrid: Editorial Trotta, 2008, p. 254).*

Sabemos bem quem são a grande massa dos presídios e prisões nacionais. Luiz Francisco foi atento para os números, destacando ainda que 55% dos presos têm até 29 anos, fração que se eleva a 74% se considerarmos os que possuem até 34 anos. No total, 64% são negros. Se forem considerados apenas a população do sistema penitenciário federal, 73% são negros.

Revela ainda que de acordo com dados oficiais, apenas 15% da população prisional estaria envolvida com atividades laborais, internas e externas aos estabelecimentos penais.

Para além do direito fundamental (também um *dever*) ao trabalho, revela os problemas relacionados à ausência de uma assistência médica efetiva na grande maioria dos presídios. E em momentos de pandemias como a que vivemos hoje, alguns olhos voltaram-se aos presídios mas unicamente para tentar (quando não de forma descabida) liberdade sob o pálio de problemas com o reconhecido vírus espalhado mundialmente. Mas poucos lembram (e certamente esquecerão em breve) que há muito existe outras "pandemias internas" nos presídios, envolvendo muito a síndrome da imunodeficiência adquirida e a tuberculose, para ficar apenas em dois exemplos. A isso, os olhos de parte de juristas e também da impresa ficam quase cegos na maior parte do tempo.

Para além de meras críticas, e aí a importância monumental da obra, o autor traz inúmeras demonstrações positivas de como é que se deve propiciar um trabalho efetivo, que permitirá (com possibilidades muito maiores) a reinserção social do reeducando ao sair da prisão. Não podemos esquecer ainda outro estigma: o preconceito para com ex-egressos do sistema penitenciário é enorme.

Se há uma incúria quase geral de quem teria o dever de bem administrar o sistema penitenciário, de peito aberto o autor reconhece que boa parcela da responsabilidade também é da própria instituição Ministério Público, que poderia envidar mais esforços para uma melhoria efetiva das condições de trabalho e saúde dos presos.

Compreendemos que o cumprimento da pena pelos crimes cometidos é fundamental. Tanto pela prevenção geral, como pela especial. Mas para essa ter eficácia, é preciso permitir que, para além de um aglomerado de pessoas trancafiadas nas celas, os presos possam ter dignidade na expiação de suas responsabilidades pelos atos praticados.

Numa parte da obra, Luiz Francisco destaca que não se está diante de uma ideia utópica. E não está mesmo, embora absolutamente hercúlea a tarefa diante da realidade apresentada. Nessas horas lembro-me de Eduardo Galeano, que em uma de suas célebres e conhecidas frases diz: "A utopia está lá no horizonte. Me aproximo dois passos, ela se afasta dois passos. Caminho dez passos e o horizonte corre dez passos. Por mais que eu caminhe, jamais alcançarei. Para que serve a utopia? Serve para isso: para que eu não deixe de caminhar."

Se alguém achar que a presente obra é utópica, Galeano deu o fôlego necessário ao autor para ver que é preciso caminhar e resolver muitos problemas, pois nesse caminhar muitas coisas positivas serão feitas. É disso de que se trata a presente obra. E a isso que se propôs ao escrever uma obra "com ciência e consciência".

Porto Alegre, abril de 2020, no aguardo da tradicional estação das folhas no sul do país.

Douglas Fischer
Mestre em Instituições de Direito e do Estado pela PUC RS.
Membro do Ministério Público Federal.
Procurador Regional da República na 4ª região.

LISTA DE FIGURAS

LISTA DE GRÁFICOS

LISTA DE TABELAS

LISTA DE SIGLAS

ADPF	Ação de Descumprimento de Preceito Fundamental
AIDS	Síndrome da Imunodeficiência Adquirida
AGHAB	Agência Goiana de Habitação
AGSEP	Agência Goiana do Sistema de Execução Penal
CNJ	Conselho Nacional de Justiça
CNMP	Conselho Nacional do Ministério Público
CF	Constituição Federal
CLT	Consolidação das Leis Trabalhistas
CP	Código Penal
CPP	Código de Processo Penal
CPPD	Casa de Prisão Provisória de Dianópolis
CPI	Comissão Parlamentar de Inquérito
COVID	COrona VIrus Disease
CRSLA	Centro de Reeducação Social Luz do Amanhã
CV	Comando Vermelho
EMATER	Empresa de Assistência Técnica e Extensão Rural
GETAPE	Gerência de Reintegração Social, Trabalho e Renda ao Preso e Egresso

HC	Habeas Corpus
INFOPEN	Levantamento Nacional de Informações Penitenciárias
LEP	Lei de Execuções Penais
MPE	Ministério Público Estadual
MPPJDH	Mestrado Profissional em Prestação Jurisdicional e Direitos Humanos
MPT	Ministério Público do Trabalho
NCCPP	Núcleo de Custódia e Casa de Prisão Provisória
OAB	Ordem dos Advogados do Brasil
OIT	Organização Internacional do Trabalho
ONU	Organização das Nações Unidas
OVG	Organização das Voluntárias de Goiás
PCC	Primeiro Comando da Capital
PGR	Procurador Geral da República
PRONATEC	Programa Nacional de Acesso ao Ensino Técnico e Emprego
SEEU	Sistema Eletrônico de Execução Unificada
SESI	Serviço Social da Indústria
SENAI	Serviço Nacional de Aprendizagem Industrial
SENAR	Serviço Nacional de Aprendizagem Rural
STF	Supremo Tribunal Federal
STJ	Superior Tribunal de Justiça
UFMG	Universidade Federal de Minas Gerais
UFT	Universidade Federal do Tocantins

UPF	Unidade Prisional Feminina
URSA	Unidade de Regime Semiaberto
UTP	Unidade de Tratamento Penal
UTPBG	Unidade de Tratamento Penal Barra da Grota

SUMÁRIO

1

INTRODUÇÃO

Há grande preocupação com o sistema prisional, seja devido à grande população carcerária confinada nos presídios, seja devido às inúmeras rebeliões ocorridas em todo território nacional. O nosso país ficou viciado em prender e faz pouco caso de outras soluções, talvez mais produtivas e inteligentes. Não damos a devida importância para o fenômeno da efetividade do acesso à justiça e de resultados positivos cujos efeitos práticos deveriam, de fato, ocorrer. Se nada for feito, em pouco tempo estaremos com um milhão de detentos.

O acesso à justiça inicia sua expansão nos países orientais a partir da metade do século XX e sua universalização desenvolve-se como campo da ciência do Direito em razão da ocorrência dos mais diversos conflitos, necessitando em razão desses fatos cada vez mais introduzir na sociedade mecanismos legais para atenuar a desigualdade social. Atualmente o direito de acesso à justiça está positivado nas Constituições, podendo-se utilizar como exemplo o caso brasileiro, com o advento da Constituição Federal de 1988, que garantiu o direito de acesso à justiça como direito fundamental, pressionado por movimentos políticos e sociais de reivindicação de direitos.

No sistema prisional há conflitos e confrontos que trazem a necessidade do acesso à justiça e resultados que diminuam os abismos das desigualdades, a fim de viabilizar um futuro menos sombrio para a própria sociedade, que no final das contas, arca com os graves problemas relacionados à violência.

Por outro lado, apesar do acesso à justiça está garantido por lei, verifica-se que a justiça não é praticada de forma igual para todos. Sendo, tal fato resultante de movimentos políticos, sociais e culturais em escala local, regional e global, que estimula o clima de medo alimentador das políticas públicas de encarceramento em massa.

O termo *acesso à justiça* é de complexa definição, porém mais que definição, deve estar à disposição de todos e depois ele deve gerar resultado que seja individualmente e socialmente buscada por todos, partindo do princípio de justiça social, proporcionando o acesso de forma eficaz.

Apesar de ser *louvável* a preocupação de democratizar o acesso à Justiça, a forma como o mesmo acontece acaba negligenciando a questão dos custos e os prazos. O que o cidadão almeja ao procurar o Poder judiciário é a resolução de seus conflitos de forma rápida e barata. E, por isso, muitas vezes, o anseio pelo alcance da justiça não é realmente satisfeito. Como a sociedade está em constante mudança, do mesmo modo, o meio de solucionar os conflitos também deve mudar, a fim de que o acesso à justiça de fato ocorra ao cidadão que necessita dele.

A discussão sobre o acesso à justiça está bastante acalorada no meio jurídico, porém são diversas as barreiras para um efetivo acesso à justiça: os altos custos; a duração de um processo; a falta de conhecimento jurídico básico; formalismo; ambiente intimidador; procedimento complicado, entre tantos outros obstáculos. Até o serviço judiciário estatal, mesmo com o advento do processo eletrônico, está amontoado de processos acumulados ao longo dos anos, apresentando fortes gargalos. No direito criminal, a situação é ainda mais precária no que se refere ao acesso à justiça, pois são diversos os casos em que presos que por direito deveriam estar em liberdade, ainda se encontram em cárcere, sem nenhuma condição de voltar a fazer parte da sociedade. É importante buscar um novo interesse sobre a ideia de ressocialização do preso, pois se a ele é garantido o direito de ser inserido na sociedade, tal direito deve ser pleno.

As diversas rebeliões que ocorreram e ocorrem em nosso país, assim como no Estado do Tocantins, trazem a necessidade do acesso à justiça e resultados que diminuam os abismos das desigualdades, a fim de viabilizar um futuro menos sombrio para o preso e seus familiares. O país tem um número impressionante de presos provisórios, sendo que muitos aguardam o julgamento há anos, sem ter direito a progressões e outros benefícios.

O acesso à justiça deve propiciar ao preso um trabalho de qualidade. A falta de vagas nos presídios vem acompanhada, ainda, das poucas opções de trabalho que pode ser exercido pelo recluso. O trabalho na prisão é extremamente importante para a ressocialização do detento, na medida em que lhe oferece disciplina e higidez mental, além de garantir uma pequena remuneração e o desconto de dias de pena. Lado outro, a maioria dos estabelecimentos prisionais ainda não possui oficinas de trabalho e, os que possuem, oferecem atividades que pouco, ou em nada, auxiliarão o encarcerado em futura recolocação no mercado de trabalho.

O presente livro pretende trilhar, a partir do Ministério Público do Estado do Tocantins (MPE), a análise das atuações em prol do direito ao trabalho digno, não aquele trabalho insignificante que não traz nada de bom para o preso. O enfoque construído neste anteprojeto visará trazer à luz os aspectos inovadores da execução penal, em que a falta da utilização prática do trabalho do apenado tem sido um dos grandes responsáveis pelos problemas ocorridos no sistema prisional brasileiro, e, em específico, no sistema penitenciário do Estado do Tocantins.

1.1 Necessidade de entendimento da base teórica

Segundo o químico Lavoisier "do nada, nada; em nada, nada pode transformar-se". É clarividente que nenhum estudo nasce de um vazio teórico. A produção de conhecimento sobre a execução penal, trabalho digno e significativo, direito de ser (re)inserido à sociedade, possui um conjunto de referências em nosso País a partir da contribuição científico-acadêmica de operadores do Direito e de outras áreas que também atuaram e/ou atuam na docência e pesquisa universitária. Todos eles estudaram os problemas e buscaram respostas. Parte dos estudos fundantes foram produzidos por Oliveira (2003) com Prisão: um paradoxo social; Bitencourt (2011) com **Falência da pena de prisão**; Oliveira (2017) com O direito do trabalho penitenciário; Cardoso (2006), com A cidadania no contexto da Lei de *Execução Penal*: o (des)caminho da inclusão social do apenado no Sistema Penitenciário do Distrito Federal; Mello (2010), com o objeto de investigação do mestrado O trabalho na prisão: um estudo no Instituto de Reeducação Penal Desembargador Sílvio Porto em João Pessoa – PB; e Santos (2016) sobre A ressocialização por meio da educação escolar no sistema penitenciário do Tocantins: um estudo de caso.

Esses estudos, a partir de diferentes angulações de seus autores, trouxeram a possibilidade de um agir comunicacional interdisciplinar e intencional de profissionais do Direito em busca da compreensão do trabalho no interior da prisão e do entendimento das diferentes questões que o perpassam, sejam no âmbito jurídico, social e laboral.

O presente estudo se propõe a contribuir nesse assunto tão espinhoso, sendo que há uma inegável distorção entre aquilo que é disciplinado pela nossa legislação e aquilo que é efetivamente realizado. Há uma má vontade em elaborar políticas públicas, pois o preso não vota. O descaso é tão grande que a legislação de execução penal não é aplicada, impedindo que a (re)ssocialização aconteça.

Não haverá solução eficaz se não atacarmos o problema a fundo. Estar sentado numa confortável cadeira, em um gabinete com ar-condicionado, pode levar o operador do direito, seja ele quem for, a esquecer que o preso é um ser humano igual a qualquer outro, que deve ter seus anseios observados. Muitos operadores do direito, que trabalham na seara da execução penal, ainda não estão acostumados com a prisão.

Apesar de todos os problemas, temos que ter em mente que a violência não se combate com a prisão. Por mais que a mídia exerça influência no processo penal brasileiro e seus reflexos no julgamento dos crimes, o resgate das vítimas da violência não acontece com a prisão do seu algoz. Os autores citados acenderam a chama da consciência crítica e mostrado que o processo histórico de construção e conquista dos direitos humanos e dos fundamentos democráticos do estado de direito não pode ter retrocesso.

A proposta deste estudo é demonstrar que a maioria dos presos chega ao cárcere com baixa escolaridade e quase nenhuma experiência profissional. Soma-se a isso o fato de que, ao ser solto, por ser oriundo do meio prisional, há uma grande dificuldade em conseguir emprego. O objetivo é trazer para dentro da atuação do Ministério Público a questão do direito ao trabalho digno relacionando-o com o acesso à justiça e analisando a concretude dos resultados.

Assim, a obra justifica-se pela crescente preocupação dos operadores do Direito que labutam na área da execução penal, em dinamizar instrumentos que possam ajudar na caótica situação prisional, ajudando a diminuir os índices de reincidência.

Não se está aqui a lançar uma base utópica. Apesar de pouco mencionado pelos estudiosos do direito, o trabalho penitenciário, do jeito que está, é totalmente inútil, tanto do ponto de vista de uma suposta capacidade ressocializadora, como do ponto de vista econômico. Só teria uma certa eficiência a partir da sua capacidade disciplinar e do seu caráter regulador, porém nem isto está ocorrendo. É só verificar as rebeliões que ocorrem em todo o País. O trabalho exercido pelos detentos está relacionado a movimentos repetidos e enfadonhos, produzindo um efeito alienante que exclui a agitação e a distração. O que é pior: nada ensina àquele que nunca aprendeu um ofício. Tais trabalhos, apesar de necessários ao cotidiano prisional, são absolutamente distantes daqueles exercidos fora do estabelecimento prisional, deixando de preparar os presos para o enfrentamento do mercado de trabalho. Como utilidade, tais trabalhos somente propiciam remição ao detento.

Não devemos perder de vista que a maioria dos detentos possuem uma história de vida repleta de exclusão, não tendo acesso aos direitos básicos quando estavam soltos. Por isso, reinserir não seria o termo adequado para se aplicar a esses detentos, eis que os mesmos nunca foram inseridos na sociedade. Consertar bolas ou fazer tapetes não mudará a realidade fática em que os presos vivem. O trabalho tem que ser de mais elevada importância, tal como trabalhar na reconstrução de mata ciliar e em outros desdobramentos na área ambiental, oficinas mecânicas, construção civil, etc. Este é o trabalho que é levado para toda a vida, e não aqueles sem quaisquer relações com a realidade social que o preso e seus familiares vivem.

O objetivo não é produzir uma fórmula mágica para a solução dos problemas e conflitos que ocorrem no interior da prisão, até mesmo porque outros problemas, também graves, assolapam o ambiente prisional. Nos presídios há muitos outros conflitos, porém deve ser verificado que a conflituosidade é uma das formas de interação social. Isto porque o conflito se reproduz junto às ações interativas e relacionais sociais. Segundo Simmel (1983, p. 122), o conflito pode produzir ou modificar grupos de interesse, uniões, organizações, sendo uma forma de sociação.

O conflito também ocorre quando os interesses em jogo não alcançam uma solução dialogada. Segundo Nader (2007 p. 25-28)

> O conflito se faz presente a partir do impasse, quando os interesses em jogo não logram uma solução pelo diálogo e as partes recorrem à agressão, moral ou física, ou buscam a mediação da justiça. Em relação aos conflitos, eles são fenômenos naturais a qualquer sociedade; e, quanto mais esta se desenvolve, mais se sujeita a novas formas de conflito, tornando-se a convivência, se não o maior, certamente um dos seus maiores desafios.

A falta de diálogo, provocado pelo conflito, pode inviabilizar a tomada de posições corretas.

Há uma necessidade premente de repensar formas e mecanismos de promover a estabilização no interior das prisões, valorizando o trabalho e dando condições ao preso de bem desempenhar o seu papel no âmbito da sociedade. Não se trata de resolver todos os problemas prisionais, pois os mesmos são muitos. Trata-se efetivamente de buscar a reconciliação do autor de um crime com a sociedade.

A atuação do Ministério Público em relação ao trabalho prisional ainda é pequena. Percebe-se que, não raras vezes, os Promotores de Justiça estão preocupados apenas com a acusação, esquecendo-se da correta aplicação da lei, como se a observância dos princípios constitucionais não vinculasse a atuação de todos.

A Lei n. 7.210, de 11 de julho de 1984, que institui a Lei de Execução Penal (LEP), dedica todo o seu Capítulo III ao trabalho penitenciário. Segundo o artigo 28 da LEP: "O trabalho do condenado, como dever social e condição de dignidade humana, terá finalidade educativa e produtiva". Desse modo, o trabalho do presidiário tem como objetivo a sua ressocialização.

A Lei n. 9.867, de 10 de novembro de 1999, prevê a instituição de cooperativas sociais para inserir as pessoas em desvantagem no mercado econômico através do trabalho, visando a promoção da dignidade da pessoa humana e a integração social dos cidadãos. Essa lei reconhece os egressos de prisões como pessoas que precisam de auxílio para a obtenção de um trabalho que possa garantir o seu sustento e a sua manutenção fora do presídio e, a partir daí, retornar ao convívio social.

Já o artigo 24 da Lei n. 8.666, de 21 de junho de 1993, dispõe que é dispensável a licitação na contratação de instituição destinada à recuperação social do preso. Tal dispensa mostra o apoio do Estado aos presos e egressos do sistema prisional no sentido de realização de um trabalho digno que vise à recondução social.

A realização de uma atividade por parte do trabalhador preso, desde que orientada de acordo com a sua aptidão e capacidade, propicia a ele a sua valorização enquanto ser humano e a concretização de sua dignidade. Além disso, tal atividade possibilita que o detento se prepare para a sua vida futura fora do estabelecimento penitenciário, como cidadão capaz de colaborar com a sociedade da qual foi retirado.

A defesa do direito do preso ao trabalho digno e significativo é um dos temas relacionados a uma perfeita atuação do Ministério Público. Entretanto, a tarefa não é simples! Isto porque a história do Ministério Público encontra-se fortemente marcada pela postura acusatória, punitiva e perseguidora, sob o enfoque primitivo de defensor da sociedade no sentido de condenar e prender o agente que era o criminoso. Agora, no Estado Democrático de Direito, especificamente na execução penal, a sua missão caminha em sentido inverso daquele historicamente percorrido. Busca-se aqui recuperar o infrator para amanhã devolvê-lo à sociedade, como pessoa capaz de desempenhar função útil à coletividade, assegurando, desta forma, através de um processo ressocializador, a implementação dos Direitos Humanos do encarcerado e a segurança futura da própria coletividade.

A relevância da atuação do Ministério Público para o sucesso da execução penal é aceita por toda a sociedade. O órgão do Ministério Público fiscaliza a execução da pena e da medida de segurança. Os promotores de Justiça, como representantes do Estado, procuram fazer com que a pena seja cumprida de maneira correta, como diz a lei. Participam do processo de execução e em atividades administrativas. Por fim, tem a faculdade de recorrer de todas as decisões judiciais tomadas no curso da execução penal e pela iniciativa de representar pela interdição de estabelecimentos penais.

Por tudo isso, pode-se dizer que durante a execução da pena, o maior advogado do condenado deverá ser o Ministério Público. Pois se ele, na ação penal, lutou para prendê-lo, aqui, na execução penal, há de lutar para soltá-lo, certificando-se que o Estado fornecerá os meios para viabilizar a ressocialização. Entre tais meios o preso levará o exercício de um trabalho que lhe garanta o respeito da sociedade e a sobrevivência dos entes queridos.

Portanto, o presente estudo é social e juridicamente relevante, pois busca valorizar o trabalho do detento para, necessariamente, possibilitar a sua reinserção no seio da comunidade. Nesse sentido, a participação do Ministério Público é fundamental para que a Instituição cumpra, efetivamente, os ditames insertos na Carta de 1988, garantindo a genuína função *pro societatis*, que é "proporcionar condições para a harmônica integração social do condenado e do internado." (L.E.P. artigo 1º).

1.2 Problematização

A Lei n. 7.210/84, Lei de Execução Penal, mais conhecida como LEP, prevê diversos direitos aos presos que devem ser respeitados nos estabelecimentos prisionais a até fora deles, sendo um desses direitos a atribuição de trabalho e sua remuneração. Diante o exposto, questiona-se: O trabalho atribuído ao detento dentro do sistema prisional está tendo alguma utilização prática na (re)inserção do apenado no seio da sociedade? Uma questão problematizadora se fez presente ao longo dos estudos no Mestrado Profissional e Interdisciplinar em Prestação Jurisdicional e Direitos Humanos: Como o Ministério Público pode atuar para que seja efetivamente proporcionado ao preso trabalho digno para ajudar na sua reinserção social?

As hipóteses aderentes ao problema desta investigação estão na observação da excessiva utilização do trabalho artesanal que não gera nenhuma melhoria da condição do preso quando ele sai da prisão. Não há nenhuma aplicação prática ou intelectual no trabalho realizado, sendo que depois de solto o apenado não consegue nenhuma ocupação. O detento precisa estar preparado para a sua inserção no mercado de trabalho, e nada mais importante do que realizar atividades que tem aplicabilidade prática já dentro do ambiente prisional. Tal estudo resultará na apresentação de soluções mais ricas e efetivas, uma vez que construídas com a participação de todos os envolvidos: poder público, sociedade e presos.

A investigação busca analisar e verificar as relações jurídico-estatais que viabilizam a ressocialização e a inserção do detento no mercado de trabalho, como eles são tratados no âmbito do Ministério Público, para a proposição de elementos que orientem na efetiva utilização prática do trabalho prisional para a população carcerária via instrumentos de acesso à justiça.

Barcellos (2017, p. 12) afirma que, ao se ter como ponto de partida a importância do agir, faz-se mister uma reflexão contínua sobre a utilização de mecanismos extrajudiciais de resolução de conflitos pelo Ministério Público, como instrumento de acesso à justiça, a fim de promover efetivamente a ampliação dos direitos humanos. Até porque nada temos contra os criminosos, mas contra os crimes.

Dessa forma, traz como objetivos específicos analisar as características do direito ao trabalho exercido pelo detento no Estado do Tocantins, de modo a destacar a atuação específica do Ministério Público; levantar na produção científico-acadêmica interdisciplinar sobre execução penal e trabalho do detento, produzida local e regionalmente, os conteúdos para auxiliar na elaboração de subsídios didáticos sobre o direito ao trabalho digno e significativo para melhor conhecimento e compromisso dos integrantes do Ministério Público e demais Poderes; refletir à luz de uma execução penal mais racional e redutora de danos as contradições existentes na atuação especializada do Ministério Público para melhor efetividade das ações relacionadas ao trabalho prisional.

A pesquisa possui cunho teórico, analítico e exploratório; a partir das sinalizações de Cervo; Bervian; Silva (2007, p. 63), ou seja, a pesquisa exploratória, [...] é normalmente o passo inicial no processo de pesquisa pela experiência e um auxílio que traz a formulação de hipóteses significativas para posteriores pesquisas.

A pesquisa exploratória permite buscar o esclarecimento de conceitos, ideias e práticas de maneira flexível no aprendizado do diálogo interdisciplinar. Isto é, não apenas ficar restrito ao conhecimento produzido no território do Direito mas abrir-se às demais áreas. Diante da diversidade de fatores de ordem social, psicológica, antropológica, jurídica e política que envolve a discussão sobre o sistema penitenciário como instituição oficial do Estado, que cuida do acusado após o cometimento do delito escolheu-se como caminho metodológico o prisma da interdisciplinaridade, por meio de um diálogo retroalimentativo entre diferentes saberes, além das disciplinas que compõem o Programa do Mestrado Profissional e Interdisciplinar em Prestação Jurisdicional e Direitos Humanos.

Como ponto teórico o estudo baseia-se no cruzamento do discurso jurídico com as práticas vivenciadas no ambiente prisional, de forma interdisciplinar. Como dito acima, como a sociedade está em constante evolução, há uma necessidade por parte dos que atuam no mundo do Direito de conhecimento cada vez maior dos processos que inter-relacionam com o direito.

As instituições que militam na área de execução penal são obrigadas a aprender a trabalhar não mais isoladas em seus gabinetes, mas indo ao encontro da população, para saber os reais problemas e as possíveis soluções sobre o espinhoso sistema prisional. Só assim teremos um verdadeiro Estado Democrático de Direito.

Neste sentido, é indispensável que se distinga e se defenda uma concepção de formação profissional ampliada para o sistema penitenciário. Que principalmente, além de compreender os conflitos que envolvem o trabalho do apenado, se fundamente e se implemente uma proposta capaz de transformar visões em planos e planos em realidade. (COSTA, 2008, p. 8).

É isso a que se dedicou este estudo. Partindo das premissas de que a profissionalização do detento como possível condição para o seu (re) ingresso no mundo do trabalho e, consequentemente, no convívio social, identificando a necessidade de se envidar esforços em estudos específicos que ofereçam novos encaminhamentos à questão, articulando subsídios intelectuais e técnicos que venham alicerçar o trabalho prático em andamento nas Unidades Prisionais do Estado do Tocantins. Pretendeu-se investigar os programas laborativos desenvolvidos como política de execução penal no Brasil, principalmente do Tocantins, tendo como objetivo central verificar qual o real impacto do trabalho na reinserção social do apenado.

No Estado do Tocantins, o sistema é chamado de *penitenciário*, sendo que tal terminologia não é a mais correta; é mais *carcerário*, pois o que vivenciamos é um sistema carcerário, que se volta apenas para a guarda do preso, sem a preocupação de reintegrá-lo na sociedade.

Enquanto a missão do Poder Judiciário é *realizar* a justiça, a do Ministério Público é *promovê-la*. E só promoverá uma justiça eficaz se houver a recuperação do apenado, visando à sua adaptação na sociedade. E tal eficácia tem como seu principal instrumento o trabalho prisional que gera dignidade e confiança.

O presente estudo visa analisar a forma como o Ministério Público enfrenta os conflitos ocorridos no interior das prisões e propor estratégias para valorização do trabalho do detento, possibilitando que sua força de trabalho tenha uma aplicação prática, capaz de reinserir o apenado no seio da sociedade.

Com os estudos e práticas realizadas no sistema prisional de Dianópolis, passou-se de detalhamento analítico para elaborar um texto dissertativo que contribua para atuação do Ministério Público como agente responsável pela defesa da sociedade e do regime democrático, principalmente na seara de execução penal.

Portanto, o presente projeto pretende demonstrar que é possível dar uma utilização prática ao trabalho realizado pelo apenado, apontando caminhos que podem ser perfeitamente utilizados no âmbito do Ministério Público do Estado do Tocantins, como agente responsável pela defesa da sociedade e do regime democrático.

O estudo se subdivide metodologicamente em três momentos. No primeiro momento buscou-se contemplar um largo universo teórico, onde foi feito um escorço histórico sobre a pena e a evolução da prisão ao longo dos anos. Isto foi necessário, pois foi uma forma de preparar o espírito do leitor para que o mesmo possa perceber que a atual prisão, com todos os seus problemas, não são frutos do acaso. É o produto de um longo processo de tormentos e crueldades que foram aplicados ao homem no decorrer da história humana.

No segundo momento foi realizado um estudo sobre a força de trabalho dentro da prisão, onde é demonstrado várias lacunas no sistema penitenciário, o que gera, na prática, o esvaziamento das teorias sobre ressocialização.

No terceiro e último momento, é apresentado vários projetos realizados pelo Ministério Público, tanto a nível estadual, bem como na Comarca de Dianópolis em ação conjunta com outras Instituições, onde é demonstrado que o trabalho pode ser uma poderosa ferramenta para reinserir o detento na sociedade.

O trabalho visa, em suma, promover um diálogo interinstitucional, pois a complexidade do problema igualmente reclama medidas e alternativas complexas, que vão desde a fiscalização do trabalho do egresso dentro do sistema prisional até a promoção do ambiente laboral dos profissionais responsáveis por esse sistema. Toda a sociedade deve fomentar iniciativas urgentes para o gravíssimo quadro prisional brasileiro.

2

ESCORÇO HISTÓRICO E A EVOLUÇÃO DA PENA DE PRISÃO

Assim que o homem começou a viver em sociedade os delitos começaram a acontecer. A violência existe desde os tempos primordiais e assumiu novas formas à medida que o homem construiu as sociedades. Com a evolução da humanidade o crime também evolui, sendo que no mundo primitivo era comum os crimes contra a vida, contra a integridade física e os crimes com conotação sexual. Tais crimes praticados contra a pessoa foram evoluindo, sendo que, com o surgimento da propriedade privada surgiram os crimes contra o patrimônio. Da mesma forma, quando surgiu o Estado, começaram a ocorrer crimes em que o Estado era a vítima. Atualmente começam a ser tipificadas condutas que ocorrem no meio virtual. Baseado nisso, pode-se afirmar, com segurança, que a história da pena e, consequentemente, do Direito Penal, embora não sistematizado, se confunde com a história da própria humanidade (MASSON, 2015, p. 67).

O objetivo deste estudo é analisar o trabalho como meio eficaz para reinserção social do preso na sociedade. Portanto falaremos do trabalho realizado dentro das prisões, bem como apontar algumas soluções para que o preso possa ter uma aplicabilidade prática do trabalho exercido na prisão em sua vida pós grades.

2.1 Teoria da Pena

Quando se fala em prisão necessário tecer algumas considerações sobre a pena, pois os dois termos se inter-relacionam.

Antes de mais nada qual deve ser a finalidade da pena? As respostas variam segundo as diversas teorias da pena. O objetivo principal da teoria é explicar como se dá a aplicação de uma sanção penal ao indivíduo que praticou um delito. Tais teorias também são conhecidas como Teorias da Sanção Penal. Para que se tenha uma sanção é necessário um motivo, sendo que cada teoria tenta oferecer uma justificativa para o *jus puniendi* do Estado. Passa-se a seguir às teorias da pena.

2.1.1 Teoria da Retribuição

A **Teoria da Retribuição** é a teoria do castigo. Também conhecida como teoria absoluta, tem como objetivo castigar o condenado através da retribuição do mal praticado, sem pensar no futuro ou em alterar a realidade. Kant e Hegel são os principais nomes desta Teoria.

Segundo Kant, o Estado não pode punir um cidadão para amedrontar os outros, sendo que a pena é aplicada apenas pelo mal que o condenado já praticou e não como uma maneira utilitária de promover o bem de outros ou do próprio condenado.

Enquanto Kant entende a pena como uma retribuição ética, Hegel entende a pena como uma retribuição jurídica, pois o ato de aplicar uma sanção constitui uma universalidade que o próprio criminoso reconheceu (KANT, 2013).

Até a pena de morte é justificada pela Teoria da Retribuição.

2.1.2 Teoria da Prevenção

Já a **Teoria da Prevenção** está com os olhos voltados para o futuro. Para esta Teoria, o condenado é punido por dois motivos: o primeiro motivo é para que outras pessoas tomem de exemplo e não venham a delinquir. O segundo, atinge o próprio condenado: ele deve ser punido para não praticar mais crimes.

Isto posto, estamos diante de duas prevenções: a prevenção especial, dirigida ao próprio condenado, e a prevenção geral, dirigida à sociedade

Na atualidade a Teoria da Prevenção sofre muitas críticas, pois as pessoas não deixam de cometer crimes simplesmente por medo de um castigo. Ademais, a pena não é capaz de colocar no coração do condenado um sentimento de arrependimento duradouro.

2.1.3 Teoria da Ressocialização

Uma outra teoria bastante conhecida é a **Teoria da Ressocialização.** Segundo os seguidores desta Teoria, a aplicação da pena é uma oportunidade de regeneração do condenado. Tal Teoria não se preocupa nem com o passado nem com o futuro, devendo a pena ser justa e não em excesso.

Alguns juristas criticam a Teoria da Ressocialização alegando que o crime faz parte da sociedade. Durkheim leciona que não há que se falar em ressocialização de uma pessoa para reinserir em uma sociedade em que o crime é algo normal. Segundo ele, a Teoria da Ressocialização trata o crime de forma errada, ignorando-se a causa e atacando o seu efeito.

2.1.4 Teoria Eclética

Por fim, temos a **Teoria Eclética**, que nada mais é do que a junção de todas as teorias abordadas neste tópico. É a teoria mais aceita na atualidade, sendo adotada pelo nosso Código Penal. Na parte final do artigo 59, *caput*, o CP destaca que deverá ser a pena necessária e suficiente para reprovação e prevenção do crime, ou seja, unifica as teorias (GRECO, 2017, p. 622).

Para a Teoria Eclética, a pena é vista como castigo, intimidação e regeneração. Ou seja, é uma teoria em que os conceitos das demais se completam.

2.2 Análise histórica da pena

Para que melhor se possa compreender a pena e suas finalidades, faz-se necessário estudar o contexto em que elas surgiram e a forma como ela evoluiu.

Na atualidade, os termos pena e prisão encontram-se entrelaçados. Embora esses institutos sejam gênero e espécie, o que se nota é que a literatura jurídica emprega os dois termos como sinônimos. Entretanto, se a pena sempre existiu, o mesmo não se pode falar da prisão, pois a pena de prisão não existiu na antiguidade e praticamente nem na idade média. A morte era um alívio para aquele que aguardava seu julgamento em celas fétidas e imundas. Já naquela época, Domicio Ulpiano consignava que "o cárcere deve existir para custodiar as pessoas, não para puni-las" (Digesto, Livro 48, título XIX, frag. 8, parágrafo 9).

A pena é um instituto muito antigo, que se confunde com a história da própria humanidade. Cada povo sempre teve seu entendimento penal como reação natural para conservação de sua prole, sua moral e seus costumes. Se no início as penas eram extremamente cruéis, com o passar dos tempos ela foi evoluindo até ser tratada nos nossos dias como uma função terapêutica e recuperadora. Na atualidade a pena deve perseguir um fim condizente com a democracia e os ditames constitucionais, pois existem outras formas de reação social à criminalidade, que podem ser muito mais eficazes (HASSEMER; MUÑOZ CONDE, 2001, p. 269).

Garrido, Stangeland e Redondo (2001, p 49) informa que a reação social abarca desde a mera desaprovação e o controle paterno de algumas condutas infantis ou juvenis desapropriadas (mediante pequenos castigos) até os sistemas de justiça penal estabelecidos pela sociedade para os delitos (leis penais, Polícia, Ministério Público, Tribunais, prisões etc.).

A palavra pena procede do latim (*poena*) e significa sanção aplicada como punição ou como reparação por uma ação julgada repreensível; castigo, condenação, penitência. Também ter como significado o sofrimento e a aflição.

Desde os primórdios da humanidade sempre existiu a ideia de punição das pessoas que se comportam de maneira prejudicial às outras ou que agem contrariamente a moral e aos bons costumes. As civilizações nada mais fizeram do que estabelecer uma forma de aplicar estas punições, sendo que a forma de castigo foi evoluindo com o passar do tempo e com as mudanças de comportamento e de pensamento da sociedade.

2.2.1 Períodos de evolução da pena

Em sua evolução a pena passou por diversos períodos, conforme eram utilizadas pelas diversas civilizações: período da vingança privada; período da vingança divina; período da vingança pública; período humanitário da pena.

2.2.1.1 Período da vingança privada

A literatura casuística aponta a vingança privada como a forma mais remota de manifestação da pena. Quando ocorria um crime, em resposta ao mesmo havia uma reação da vítima, de seus parentes a até mesmo de seu grupo social. A forma de agir era totalmente desproporcional à ofensa, atingindo na maioria das vezes não só o criminoso, mas também seu grupo social.

O período da vingança privada também pode ser subdividido em outras formas de manifestações de vingança, quais sejam: vingança individual, vingança coletiva, vingança da paz social, vingança do sangue, vingança limitada e a composição (OLIVEIRA, 2003, p. 24-25).

a) Vingança individual

Era a satisfação da vítima, ou lesado, contra quem lhe tinha causado um mal. Era uma reação do próprio instinto, sendo que deixava de ser punida pela ausência de uma autoridade competente.

b) Vingança coletiva

Com o desenvolvimento do grupo, com base na solidariedade e interesses comuns na perpetuação da espécie, a vingança deixou de ser individual e passou a ser coletiva, sendo manifestada de forma excessiva, sem nenhuma lógica. Neste tipo de vingança, todo o clã colocava ao lado da vítima, reagindo de forma conjunta contra o agressor pela ofensa a um de seus componentes.

c) Vingança da paz social

Com o aparecimento da estrutura familiar, o local onde a pessoa encontrava a paz era dentro do seio de sua família, junto com sua comunidade. Ali o indivíduo se sentia protegido, sendo que todo o grupo reagia de forma conjunta contar quem quer que lhe importunasse. Entretanto, o membro do grupo que cometia algum crime era banido daquela comunidade, deixando-o sem proteção de seu grupo, suscetível aos grupos inimigos, o que levaria à morte.

d) Vingança do sangue

Além da vingança da paz social, outro tipo de pena que era conhecido dentro do grupo era a vingança do sangue. A vítima pertencia a outro grupo social, sendo que o grupo agredido iniciava uma verdadeira guerra grupal. Com isso, os grupos e famílias iam se extinguindo paulatinamente.

e) Vingança limitada

A vingança privada sucedeu à vingança do sangue trazendo o critério de proporcionalidade entre o crime cometido e a reação da pena, não permitindo mais vinganças arbitrárias e desproporcionais.

Nesta época surgiu a lei do talião: Oculum pro óculo, dentem pro dente.

Por mais estranho que possa parecer, com o surgimento da Lei do Talião foi estabelecida uma proporcionalidade entre a ação e a reação da vítima e da sociedade. Se o agente praticasse um crime ele sofreria o mesmo dano ou mal causado. Lógico que o Talião ainda não era a solução mais adequada para a punição, surgindo, assim, o costume de substituir o ofensor por um escravo, a fim de que a punição se fizesse na pessoa desde, poupando-se o corpo do verdadeiro ofensor.

Apesar de ser a primeira fórmula de justiça penal, o Talião não é considerado como um gênero de pena.

f) Composição

Com a evolução dos tempos, surgiu uma forma moderada de cumprimento de pena, a Composição, sistema que permitia ao infrator comprar sua liberdade ao pagar um preço em bens, animais, etc. Para o infrator ou sua família, que "vendiam" o direito de represália. Tal como o Talião e mesmo sendo aplicada de forma moderada, a composição não é considerada um gênero de pena.

Conforme visto, no período da vingança privada era o sentimento que provocava a justiça, onde toda aberração poderia acontecer. Infelizmente temos o risco de ocorrer vingança privada em nossa sociedade. Senão vejamos:

Houve um caso em Porto Alegre no ano de 2016 em que uma jovem alegou ter sido estuprada. Foi feito um retrato falado do suposto criminoso, sendo tal retrato divulgado na imprensa. Dias após, um homem foi confundido, pois suas características se assemelhavam as características do retrato falado, tendo o homem sido espancado e esfaqueado. Realizadas as investigações, o homem era inocente. A jovem tinha histórico de mentiras tendo confessado que inventou tudo. Não houve estupro!

2.2.1.2 Período da vingança divina

A vingança divina surgiu também no período primitivo, onde o Estado e Igreja se misturavam no exercício do poder, devido a forte influência da religião na vida dos povos antigos. O Direito Penal foi altamente influenciado pela religiosidade já que havia uma cultura e crença de que se deveria reprimir o crime como uma satisfação aos deuses pela conduta delituosa realizada no meio social. Mais do que crime, as infrações eram consideradas pecados que deveria sofrer uma intervenção divina. Interessante observar que foram os grupos religiosos que exercia o poder de punir os incautos.

Segundo Masson (2015, p. 68-69) o homem primitivo não regulava sua conduta pelos princípios da causalidade e da consciência em torno de sua essência e circunstância, mais sim no "temor religioso ou mágico, sobretudo em relação com o culto dos antepassados, cumpridores das normas, e com certas instituições de fundo mágico ou religioso".

Desse modo, por meio da religião, a pena passou a ser encarada como castigo e quem ousasse infringir as supostas ordens divinas sofria a condenação dos deuses.

Mirabete (2001, p. 35), em lição magistral, leciona que:

> Já existe um poder social capaz de impor aos homens normas de conduta e castigo. O princípio que domina a repressão é a satisfação da divindade, ofendida pelo crime. Pune-se com rigor, antes com notória crueldade, pois o castigo deve estar em relação com a grandeza do deus ofendido.

Trata-se da aplicação do direito penal religioso, que tinha como escopo a purificação da alma do delinquente, através da expiação dos pecados. Os princípios básicos estão presentes no Código de Manu, da Índia, e no Código de Hamurábi. Entretanto, esses princípios foram adotados na Babilônia, no Egito (Cinco Livros), na China (Livro das Cinco Penas), na Pérsia (Avesta), pelo povo de Israel, Assíria, Fenícia e Grécia.

Para se ter uma ideia, o artigo 6º do Código de Hamurabi dispõe que "Se alguém furta bens do Deus ou da Corte deverá ser morto; e mais quem recebeu dele a coisa furtada também deverá ser morto".

Também inspira período da vingança divina o princípio jurídico *judicium dei*, ou o ordálio, que indica a possibilidade de um julgamento divino. Vejamos o que dispõe o artigo dois do Código de Hamurabi:

> Se alguém acusar um homem e o acusado mergulhar em um rio e afundar, quem o acusa pode tomar posse de sua casa. Mas se o rio provar que o acusado é inocente e ele escapar ileso, então quem o acusa será executado, e o acusado tomará sua casa.

Portanto, no período da vingança divina a religião confundia-se com o Direito, e, assim, os preceitos de cunho meramente religioso ou moral, tornavam-se leis vigentes.

2.2.1.3 Período da vingança pública

Com a evolução sociedade o Estado avocou o poder-dever de manter a ordem e a segurança social, conferindo a seus agentes a autoridade para punir em nome de seus súditos. A pena assume nítido caráter público (Masson, 2015, p. 70). Isto ser observa nitidamente na organização social e política dos povos, onde já se vê nas cidades-estados da Grécia, como por exemplo, indícios de punições públicas (CHIAVERINI, 2009, p. 4).

Mesmo sendo um período mais evoluído, as penas ainda eram largamente intimidatórias e cruéis, destacando-se o esquartejamento, a roda, a fogueira, a decapitação, a forca, os castigos corporais e amputações, entre outras.

A pena perde a índole sacra e transforma-se em sanção imposta em nome de uma autoridade pública, que representa os interesses da comunidade e agia em nome de Deus, cometendo inúmeras arbitrariedades. Não era mais a vítima e nem os ministros da igreja, mas o soberano que aplicava e executava as penas.

Os processos eram sigilosos, sendo que não oa gente sabia qual imputação havia contra ele. Vigia o entendimento de que se o réu fosse inocente não precisava de defesa. Se fosse culpado, ele não teria nenhum direito de defesa, pois atentou contra a autoridade do soberano.

Foi no período da vingança pública que surgiu o *ius puniend* do Estado, que chamou a si a função de resolver determinados conflitos e a responsabilidade de delegar aos seus representantes a autoridade de punir.

Para Beccaria, ao mesmo tempo que surge o delito, surge a figura do soberano que afirma a violação do contrato social. O objetivo do acusado é negar essa violação. Infelizmente não havia a presença de um terceiro que decida a contestação. E mesmo quando havia, tal contestação não era levado a sério. O que se via era o soberano praticando intensas arbitrariedades e a pena mantinha a característica de crueldade, a fim de intimidar a sociedade, praticando-as em praça pública, com o intuito de reprimir a prática do delito, pois assim estariam cumprindo a principal finalidade: garantir a segurança dos soberanos ou príncipes, que interpretavam a pena como símbolo de absoluto poder (SILVA, 2011, p. 8).

Naqueles tempos, o escopo primordial do *iuspuniend* era defender os interesses do soberano e de seus súditos (NORONHA,1995, p. 24 *apud* JACOB, 2017, p. 16). Havia uma grande desumanidade na aplicação das penas, sendo que era comum a pena de morte, sendo que a mesma era aplicada da maneira mais cruel possível, bem como a amputação de membros, olhos, línguas, mutilações, queima da carne a fogo.

A pena pública garantia a existência do próprio Estado, figurando, desde o início deste período e por boa parte dos séculos que se seguiram, como um dos mais graves crimes, o de lesa-majestade, por representar uma agressão ao soberano e à sua divina autoridade.

Como nas demais fases a prisão não se destacou entre as punições, sendo que o indivíduo ficava confinado de forma temporária aguardando sua condenação (CHIAVERINI, 2009, p. 11).

2.2.2 A Pena na Idade Média

A Idade Média é constituída por dois grandes períodos: a alta idade média, que se estende dos séculos V a IX, é marcada pelos direitos romano e germânico, bem como pela formação e desenvolvimento do direito canônico; e a baixa, dos séculos IX a XV, pelo direito feudal e pelo renascimento do direito romano nas universidades. Podemos, pois, vislumbrar esse momento histórico embasado na vigência de quatro grandes ordenamentos jurídicos: um direito de povos germânicos; o direito oriundo da organização eclesiástica, chamado de direito canônico; o direito feudal; e um processo de sobrevivência e renascimento do direito romano.

Na idade média as penas aplicadas eram caracterizadas por sua intensa crueldade. Não havia nenhuma segurança jurídica, pois o juiz era dotado de plenos poderes, inclusive podendo aplicar penas que não fossem previstas em lei. Ao contrário de hoje, não se observava o princípio básico da legalidade.

A aplicação das penas era precedida de intensa tortura, onde os acusados eram obrigados a confessar a autoria de determinados crimes. Enquanto a pena era o suplício aplicado para a reparação do crime, a tortura era um meio de prova.

As penas ficavam a bel prazer do juiz, sendo que às vezes era comum a mesma pena para um furto simples e para o homicídio de toda uma família. Não havia a ideia de proporcionalidade, tão importante nos dias de hoje. A sociedade ficava estupefata ao assistir cenas de verdadeiro terror, sendo que muitas vezes tais penas eram aplicadas aos inimigos do soberano.

Assim como no período da vingança divina a pena era aplicada para privilegiar os deuses, na idade média a aplicação da pena privilegiava apenas os nobres. Se uma camponesa não tivesse a primeira relação sexual com um nobre, à sua família eram aplicados castigos corporais e até a pena de morte. Conforme doutrina de Valdés (Valdés *apud*

BITENCOURT, 2011, p. 26), na prisão de Estado, na Idade Média, somente podiam ser recolhidos os inimigos do poder, real ou senhorial, que tivessem cometido delitos de traição, e os adversários políticos dos governantes. A prisão apresentava duas modalidades: a *prisão-custódia*, onde o réu esperava a execução da verdadeira pena aplicada (morte, açoite, mutilações *etc.*), ou como *detenção* temporal perpétua, ou ainda até receber o perdão real.

Além dos arbítrios dos soberanos, a igreja católica também agia de forma desumana. Foram criadas as figuras dos inquisidores nos Tribunais eclesiásticos com o único objetivo de aplicar penas para aqueles que não rezavam na cartilha da igreja católica. Eles aplicavam as penas de castração, decepamento de orelhas, extração dos seios femininos, retiradas dos olhos, do nariz, amputação de pernas e braços, a morte na fogueira, etc.

Tanto a igreja como o Estado não tinham quaisquer preocupações com a dignidade do ser humano. No caso da igreja, ela denunciava a existência do crime e mantinha esforços para converter o culpado e quando obtinha seu arrependimento o entregava as cortes laicas para que fosse executado (TALARICO; LINKE, 2010, p. 53). Nesse sentido, Naspolini (2010, p. 266) atesta que:

> Após a confissão, vinha a condenação e, em seguida, a execução da pena. Mas, antes disso, o condenado era obrigado a confessar sua culpa em uma igreja, pedindo perdão a Deus e aos Santos por ter-se entregado ao diabo. Nesse evento denominado auto-de-fé, a multidão comparecia para ouvir o relato de suas maldades e seu arrependimento. Em seguida era conduzido ao cadafalso, normalmente situado em praça pública, onde seria queimado pelo carrasco. Algumas vezes, e dependendo da gravidade do crime, o juiz concedia o estrangulamento antes que fosse acesa a fogueira; em outras, o condenado era queimado vivo. Durante a execução, a sentença era lida em público para que todos tomassem ciência dos malefícios por ele praticados.

No meio daquele período conhecido como período das trevas, uma luz começa a surgir no horizonte. Foi quando foi criada a Escola dos Glosadores por Irnério. Os ventos de liberdade não pararam por aí, sendo que logo após surgiu a Escola dos Pós-Glosadores. Os maiores expoentes foram Alberto Gandino, com sua obra *Tratactus de Maleficiis*, e Tiberius Decianus, com sua obra *Tratactus Criminalis*. Pela primeira na história começou a haver uma sistematização do direito penal, sendo criada duas partes, a geral e a especial, tal como conhecemos na atualidade. Surge também os primeiros estudos sobre ao princípio da legalidade.

Conforme se depreende da presente leitura, o Direito Penal da idade média pode ser caracterizado pela fusão entre Estado e Religião, que promoveu intensamente o arbítrio judicial quase ilimitado, seja na definição de crimes como na aplicação das penas, o que fez com que a justiça tivesse ares de terror e insegurança.

O direito canônico teve uma grande importância no que se refere às prisões, pois foi o alicerce da pena de prisão, tendo contribuído para o seu surgimento nos moldes em que é entendida atualmente, visto que trouxe a ideia de *recuperação* do ser humano por meio da privação da liberdade, quando, então afastado de toda tentação, podia refletir e assim arrepender-se do mal que causou, podendo, dessa forma, alcançar a salvação (BITENCOURT, 2011, p. 27). Foi com base na palavra penitência que surgiu o termo penitenciária para denominar o lugar onde se cumpre a pena privativa de liberdade, prova da herança deixada pelo Direito Canônico.

2.2.3 A Pena na Idade Moderna

A Idade Moderna caracteriza-se na história como um período de transição, que compreende o século XV ao XVIII e que acarretou modificações nas relações sociais, bem como no Direito Penal. Os historiadores consideram que seu início se deu com a ocupação de Constantinopla pelos Turcos Otomanos e seu encerramento foi ocasionado pela Revolução Francesa, em 1789 (CALDEIRA, 2009, p. 265).

Finda a idade média o mundo começou a mudar, sendo que o renascimento trouxe uma valorização da ciência, das artes e da filosofia, surgindo daí novos valores, sendo que a razão e o individualismo passaram a ter maiores importância. Os Estados absolutistas fizeram a junção do econômico com o político, impondo o "mercado" e surgindo a necessidade de criar o "Estado". O absolutismo foi marcado pela extrema crueldade na aplicação das penas. O objetivo maior era infundir o terror, fazendo sofrer o condenado, mutilando seu corpo e expondo-o ao público. Até as penas mais simples, tais como o banimento e a multa eram aplicadas junto com castigos corporais.

Assim como na idade média, os nobres recebiam penas menos cruéis e até eram isentos dos impostos. Já a classe mais empobrecida da população sofria com as penas rígidas e com os impostos regionais, uma vez que, para manter os nobres, tinham de contribuir com um quinhão maior (CHIAVERINI, 2009, p. 65).

O absolutismo levou uma enorme quantidade de pessoas à miséria absoluta, sendo que houve uma revolução dos preços, cercamento dos campos, ausência de trabalho, excesso de oferta de mão de obra, baixos salários, aumento de impostos para custear a guerras *etc.*

Foi nesse momento que os castigos corporais e a pena de morte começaram a ser questionadas. Se fosse aplicar a pena de morte a todos os criminosos, simplesmente a população acabaria. A proposição de que "é pela ameaça de se dizimar parte considerável da população a manter-se sumária condenação à morte, que começam a surgir ideias a respeito de outros tipos de pena [...]" (HASSEN, 1999, p. 79) - foi a necessidade de evocar-se a prisão a fim de atender ao novo regime. Ademais, a mão de obra ficava cada vez mais escassa, sendo que uma das soluções aventadas pelo capitalismo dominar os ociosos que podiam contribuir com seu trabalho e usá-los, mesmo que de forma involuntária.

Naquele turbilhão de ideias que emergiam das classes abastadas, surgiu ainda o mercantilismo. Com isso a sociedade voltou os seus olhares para a prisão, pois "o trabalhador integrado no mercado de trabalho é controlado pela disciplina do capital, enquanto o trabalhador fora do mercado de trabalho é controlado pela disciplina da prisão" (SANTOS, 2010, p. 438).

Se antes a prisão era temporária e tinha o objetivo de manter o acusado até a execução dos artigos corporais, especialmente o de morte – que tinham caráter de pena - impedindo, dessa forma, a sua fuga, agora ela passa a ser tratada como pena principal.

Foram criadas as *houses of correction*, denominadas de *bridewells*, com o objetivo de solucionar a falar de mão de obra. O principal objetivo das bridewells era reformar os detentos através do trabalho obrigatório e da disciplina. Além disso, ela deveria desencorajar outras pessoas a seguirem o caminho da vagabundagem e do ócio, e assegurar o próprio auto-sustento através do trabalho, a sua principal meta. O trabalho que ali se fazia era, em grande parte, no ramo têxtil, como o exigia a época. Nesse contexto, substituindo cada vez mais as antigas punições, a prisão-castigo passou a ter maior centralidade no sistema das penas, com a função de segregar mendigos, ociosos e ladrões, submetendo-os a trabalhos forçados e acentuada disciplina.

Neste ínterim, a segregação dos indivíduos também repercutia na sociedade em geral. Acreditava-se que a degradação das condições de vida dos presos submetidos aos trabalhos forçados deveria servir de exemplo para manter-se a ordem e a coesão social, combatendo a vagabundagem e a ociosidade das pessoas livres. Era melhor para o trabalhador livre aceitar as condições às vezes injustas impostas pela sociedade, do que realizar trabalhos forçados no interior das prisões.

Conforme se observa, o trabalho era visto como castigo, sendo que o mesmo era intensamente explorado, sob o argumento de que, mesmo duro e penoso, o trabalho era utilizado como tentativa de reformar o indivíduo (GRECO, 2015).

2.2.4 Período Humanitário da Pena

No final do século XVII, quando os ideais iluministas estavam a pleno vapor, começou a haver uma maior conscientização quanto às atrocidades que estavam acontecendo no âmbito de aplicação das penas. Começaram a surgir vozes em prol da proteção da liberdade individual em face do arbítrio judiciário e para o banimento das torturas, com fundamento em sentimentos de piedade, compaixão e respeito à pessoa humana.

O processo penal, segundo essas vozes, deveria ser baseado numa lei simples, precisa e escrita em língua pátria. Eram as primeiras conotações do princípio da legalidade.

Com sua obra conhecida como Dei delitti e delle pene (**Dos delitos e das penas**), de 1764. César de Bonesana, o Marquês de Beccaria, saiu em defesa dos desafortunados e dos desfavorecidos, opondo-se às técnicas de torturas até então utilizadas. Cesare combateu com afinco o sistema presidiário das masmorras. Foi um verdadeiro grito contra o individualismo. Sua obra aborda a origem das penas e do direito de punir, o crime, o processo, e as penas, destacando a insensatez de penas corporais ou verdadeiros suplícios impostos por monarquias absolutistas. Um marco do Direito Penal moderno, os princípios ali contidos são, em grande parte, os princípios do direito penal moderno.

Beccaria baseou-se na Teoria do Contrato Social, indo contra a pena de morte. Ele reconhece como válida a pena de prisão que deve estar alicerçada em indícios que apontem para a culpabilidade do autor do crime, bem como esses indícios devem estar especificados na lei:

> A voz pública, a fuga, as confissões particulares, o depoimento prestado por um cúmplice no crime, as ameaças que foram feitas pelo acusado, seu ódio sem limites ao ofendido, um corpo de delito palpável, outras presunções idênticas, são suficientes para permitir a prisão do cidadão (BECCARIA, 2005. p. 21.)

Seu argumento era que, apesar do homem ceder parte de sua liberdade ao bem comum, não poderia ser privado de todos os seus direitos e a ninguém seria conferido o poder de matá-lo.

Segundo Beccaria (1999, p. 125)

> É melhor prevenir os crimes do que ter de puni-los; e todo legislador sábio deve procurar antes impedir o mal do que repará-lo, pois uma boa legislação não é senão a arte de proporcionar aos homens o maior bem estar possível e preservá-los de todos os sofrimentos que se lhes possam causar, segundo o cálculo dos bens e dos males da vida.

Conforme se nota, Beccaria foi um marco decisivo para a modificação do Direito Penal. Em sua obra **Dos delitos e das penas**, já afirmava que havia duas finalidades primordiais na aplicação das penas: uma de impedir que o réu cause novos danos aos seus concidadãos e outra é a de desestimular aos outros cidadãos a praticar delitos.

> A ligação que existe entre prisão e a pena é a forma que a sociedade moderna encontrou de se excluir aqueles que não se adequaram ao sistema, devendo estes cumprir de forma excludente a pena que lhe foi imposta ao descumprir as normas.
>
> A prisão é um produto caro e reconhecidamente não ressocializa. Pelo contrário, dessocializa. Em razão da superpopulação, dos seus métodos e da sua própria natureza, é desumana e cruel; corta o vínculo com a comunidade, com a família, com o trabalho, com a educação. Há séria dúvida, por tudo isso, sobre se cumpre ou não seu papel de intimidação.
>
> Particularmente no que se relaciona com o sistema prisional brasileiro, ainda há que se destacar: os presos não são separados por idade, natureza da infração, condição processual, praticamente nenhuma é a assistência médica, odontológica etc., sentem-se frustrados com o funcionamento da Vara de Execuções Criminais... É, em síntese, fonte de um sem-número de ilegalidades, que são toleradas e muitas vezes até estimuladas, sem respeito aos direitos humanos fundamentais. (BECCARIA, 1999)

Numa época em que os soberanos achavam que era reis, Beccaria defendeu ousadamente um Direito Penal sobre bases humanas, que traçasse fronteiras à autoridade do príncipe e limitasse a pena à necessidade da segurança social. Para o Marquês todo exercício do poder que se afaste dessa base é abuso e não justiça; é um poder de fato e não de direito; é uma usurpação e não mais um poder legítimo. Dessa sistematização proposta decorrem, então, três postulados: i) caberia apenas ao legislador o direito de elaborar leis, e somente à norma incumbiria a fixação de penas; ii) o responsável pela feitura das leis não seria o mesmo que vigiaria o seu cumprimento; e iii) a imprescindibilidade da utilidade e da necessidade das punições impostas.

Apesar da importância de sua obra, outras figuras importantes também surgiram neste período, tal como John Howard. O inglês John Howard (1726-90), com sua obra **The state of prisions in England and Wales** (1776), foi quem deu praticamente início ao estudo do moderno penitenciarismo, propondo o isolamento, o trabalho, a educação religiosa e moral e a classificação do preso. Já no século XVI, aparecem as primeiras prisões leigas na Europa, destinadas a recolher mendigos, vagabundos, prostitutas e jovens delinquentes, os quais se multiplicaram pelas cidades, principalmente, causa proveniente de problemas na agricultura e crise econômica do sistema feudal (Leal, 1995).

Em sua obra **State of prisons in Ingland and Wales, with preliminary observations and as accountof some foreign prisons and hospitals** (1777)", John Howard propõe regras disciplinares para humanizar o regime prisional. Howard pensava um "sistema penitenciário baseado em recolhimento celular, reforma moral pela religião, trabalho diário, com as necessárias condições higiênicas alimentares". Essas ideias foram postas em prática em algumas prisões inglesas na época. Howard fez um movimento revolucionário, em seu país, para humanizar as regras disciplinares da detenção penal e o regime prisional da época.

Podemos observar que vários preceitos defendidos por Howard, em 1777, estão presentes no sistema carcerário da época atual. Interessante que as mesmas imperfeições, apontadas há séculos por ele, continuam sem solução, o que nos leva a refletir se o problema real é o da constante necessidade de aprimoramento da pena de prisão ou da insistência das autoridades em mantê-la por ser útil ao controle social.

Mesmo após a morte de Howard, seus ideais continuaram vivo no criminalista e filósofo inglês Geremias Benthan (1748-1832), que por sua vez, apresentou um modelo de estabelecimento prisional diferente daqueles comuns à época.

Bentham, autor de **Teoria das penas e das recompensas**, propôs um tipo de prisão, o panópticon, ou seja, a possibilidade de se ter a visão do todo, construída de forma circular, com uma torre no meio, de onde podia-se vigiar todas as celas a sua volta. As celas ficavam na construção circular, tinham uma janela externa, para penetração da luz e outra interna, para penetração do olhar vigilante da torre central. Com essas aberturas, era possível exercer uma vigilância sobre os apenados sem ser observado pelos mesmos. Dessa forma a simples presença da torre central faz com que os apenados se sintam sempre vigiados. Bentham detalhou bem sua obra, inclusive propondo a colocação de tubos de metal em cada cela, ligados diretamente à torre, possibilitando ao vigilante se comunicar individualmente com cada preso. A obra de Bentham ressalta a importância da arquitetura como forma de se estabelecer um controle mais eficaz sobre a sociedade. Foucault (2006, p. 211), ao comentar essas ideias, diz que "no final do século XVIII a arquitetura começa a se especializar e se articular com os problemas da população, da saúde e do urbanismo... trata-se de utilizar o espaço para alcançar objetivos econômicos e políticos".

Esse novo conceito de prisão representou uma mudança importante, tirou os prisioneiros da escuridão das masmorras e colocou-os sob o olhar constante e vigilante do poder. É talvez um reflexo do século das luzes que penetrou nas prisões. E não deixou de ser uma das preocupações da Revolução Francesa, como lembra Michelle Perrot: "nós estamos no âmago das preocupações da Revolução: impedir as pessoas de fazerem o mal, tirar-lhes o desejo de cometê-lo, tudo poderia ser assim resumido: não poder e não querer".

Vale ressaltar o apresentado por Bitencourt (2011, p. 70),

> Mas não se pode afirmar que no desenho do panótico só haja preocupação com a segurança ou uma tecnologia de dominação. Preocupa-se também em estimular a emenda do réu. A finalidade reabilitadora é que fundamenta entre outras razões, sua recusa ao isolamento celular permanente, ideia que se mantém em plena vigência.

Ainda no dizer de Foucault, o panótipo foi inspirado no zoológico que Le Vaux construíra em Versalhes: primeiro zoológico cujos elementos não estão, como tradicionalmente, espalhados em um parque", sendo assim "o panóptico é um zoológico real; o animal é substituído pelo homem, a distribuição individual pelo grupamento específico e o rei pela maquinaria de um poder furtivo" (FOUCAULT, 187, p. 168). Destarte, o panótipo tinha o objetivo de:

> [...] induzir no detento um estado consciente e permanente de visibilidade que assegurava o funcionamento automático do poder. Fazer com que a vigilância seja permanente em seus efeitos, mesmo se é descontínua em sua ação; que a perfeição do poder tenda a tomar inútil a atualidade de seu exercício; que esse aparelho arquitetural seja uma máquina de criar e sustentar uma relação de poder independente daquele que o exerce; enfim, que os detentos se encontrem presos numa situação de poder de que eles mesmos são os portadores (FOUCAULT, 1987, p. 166).

Já os reformadores Servan e Voltaire, pretendiam além de acabar com os castigos aflitivos, também reduzir a corrupção na forma de punir, mal que, segundo Oliveira, dominava a justiça que ainda apresentava-se lacunosa (OLIVEIRA, 2003, p. 43.)

Marat, em sua obra **Plano de legislação criminal**, retirou da história por ele vivenciada a essência que lhe permitiria elaborar um código penal adequado à sua época.

Por último, também não menos importante, o penalista mexicano mais ilustre de sua época, Lardizábal ficou mais conhecido na Espanha, onde viveu toda sua vida adulta e profissional. Conhecido como o Beccaria espanhol, tem como destaque a publicação em 1782, de sua obra **Discurso sobre as penas contrárias às leis criminais da Espanha para facilitar sua reforma**.

2.3 Surgimento das Prisões

Para entendermos melhor como surgiu a prisão é importante que se faça um percurso histórico, pois na história da humanidade sempre houve formas de punição, sendo que a mesma se manifestava por meio de exclusão social, suplícios, inquisições ou prisões. Entretanto, a prisão aparece ao longo da história como uma medida simplesmente preventiva, sem o caráter de pena, sendo que na Idade Média os tribunais da Igreja Católica perseguiam, julgavam e puniam as pessoas que iam contra as normas da igreja.

Antes da idade média não sem tem notícia do emprego da prisão como pena. A pena de morte era acompanhada de suplícios cruéis, sendo que a prisão tinha finalidade apenas preventiva, sendo que a falta de condições econômicas não permitia a construção de estabelecimentos salubres. Por isso eram utilizados como prisão buracos em forma de cisterna, compartimentos nas torres das muralhas que circundavam as cidades, em gaiolas, etc. Em Roma, é na fortaleza que se encontrava a prisão, geralmente daqueles que praticavam crimes ou eram inimigos do poder.

Voltando mais ainda no tempo, o Código de Manu tratava da prisão num de seus versículos: "Que a lei coloque todas as prisões sobre via pública, a fim de que os criminosos aflitos e ignóbeis sejam expostos aos olhares de todos". (DURKHEIM, 1899-1900, apud OLIVEIRA, 1996, p. 44)

Já na Lei de Moisés não é mencionado a pena. Posteriormente através do Profeta Jeremias, a prisão é tratada como fossa e entraves, como soluções paliamente preventiva.

Apesar de ser prevista como uma pena especial em Atenas, tendo a finalidade de suprimir várias outras penas existentes até então, a prisão foi pouquíssimo usada pelos gregos.

Portanto, a prisão só toma a forma de pena, através do direito canônico. Como a Igreja não tinha o poder do Estado ela não podia aplicar penas seculares. Nos estados em que o catolicismo era a religião estatal, os hereges contumazes eram entregues com frequência ao braço secular para aplicação das penas civis, que podiam incluir pena de morte. Portanto, a prisão como sanção teve aplicação apenas nos mosteiros.

Segundo Oliveira (2003, p. 49), a Igreja não podia aplicar penas seculares, especialmente a pena de morte, daí encarecer o valor da segregação que favorecia a penitência. O encarceramento na cela, também conhecido como in pace, deu origem à chamada prisão celular, nome que há até pouco tempo era usado na legislação penal. Foi por iniciativa Eclesiástica que, no século XII, surgiram as prisões subterrâneas, tornando célebre a expressão vad in pace, pois os réus eram despedidos com estas palavras uma vez que aquele que entrava numa dessas prisões não deveria sair dela com vida.

Para a época, a prisão canônica era mais humana do que a prisão secular. Se a Igreja, em suas leis, admitia a pena privativa de liberdade, sendo consagrado, neste período, o termo penitenciária, o criminoso, que nada mais era que um pecador aceitava e, por vezes, suplicava como graça, a penitência.

O sistema prisional tinha finalidades bem simples: a solidão e o silêncio. O pecaminoso era "resgatado das trevas" pela dor, pelo remorso e pelo arrependimento da alma.

Com efeito, o direito canônico foi fator demasiadamente importante para o surgimento da prisão moderna. Antes, a prisão não era considerada pena suficiente, sendo acrescentado outros tipos de privações, tais como carência alimentar, utilização de cintos, entraves, colar de ferra, máscara de ferro e outros. Tal situação foi mostrado no cinema no filme **O homem da máscara de ferro**. O enredo ocorre no ano de 1662, sendo que a França vive sob o reinado do perverso Luís XIV, mantendo um prisioneiro misterioso encarcerado com uma máscara de ferro.

Com o surgimento da prisão como pena, a pena de morte enfraqueceu: se no início a prisão era aplicada de formas acessória, com o passar do tempo, a pena privativa de liberdade foi atingindo sua forma como hoje a conhecemos. É de se observar que inspira maior repulsa ao crime ver na prisão, submetidos a trabalhos penosos, os transgressores da lei penal, que ter notícia da sua execução. Uma notícia é rapidamente esquecida, enquanto os edifícios das prisões são contemplados diariamente. Aliás, em Roma, Ovidio Cassio já dizia *Majus exemplum esse viventis miserabiliter criminosi, cuamoccisi.*[1]

Com a consolidação da prisão como sanção, os problemas também surgiram. Se antes o prisioneiro ficava na prisão aguardando a punição, a prisão tinha um caráter temporário, agora a prisão era a punição em si, portanto as prisões por toda a Europa e Estados Unidos não tinham a infraestrutura ou eram pensadas nessa nova realidade punitiva.

2.4 Sistemas Penitenciários

Conforme visto, no decorrer do tempo a pena de prisão passou a ser a pena por excelência, mais aplicada no direito penal. Baseado nisso surgiram teorias filosóficas e religiosas que buscavam explicar a sua aplicação, fundamentação e finalidade, seus reflexos na sociedade e no

1 O principal exemplo é a vida de um criminoso em lágrimas, que morto.

Estado. Analisaremos os sistemas pensilvânico, filadélfico ou celular, auburniano e progressivo.

2.4.1 Sistema Pensilvânico, Filadélfico ou Celular

O primeiro grande sistema penitenciário foi o da Filadélfia, conhecido como sistema filadélfico ou pensilvânico, caracterizado pelo rigor externo, absoluto isolamento de dia e de noite, recebendo o preso, visitas apenas do capelão, do diretor ou guarda da prisão. Era uma prisão tumular, em vida.

Neste sistema penitenciário foram utilizadas convicções religiosas e bases do Direito Canônico para estabelecer uma finalidade e forma de execução penal. O condenado deveria ficar completamente isolado em uma cela, sendo vedado todo e qualquer contato com o meio exterior. Por isso tal sistema é conhecido como sistema celular. Objetivava-se a expiação da culpa e a emenda dos condenados. Autorizava-se, tão-somente, passeios inconstantes no pátio da prisão e a leitura da Bíblia, para que o condenado pudesse se arrepender do delito praticado e, consequentemente, alcançar o perdão de sua conduta reprovável perante a sociedade e o Estado.

Bittencourt (2011, p. 78), ao analisar o sistema celular preleciona que "o início definido do sistema filadélfico começa sob a influência das sociedades integradas por quacres e os mais respeitáveis cidadãos da Filadélfia e tinha como objetivo reformar as prisões".

Já Jesus (2004, p. 250) ensina que, "utiliza-se o isolamento celular absoluto, com passeio isolado do sentenciado em um pátio circular, sem trabalho ou visitas, incentivando-se a leitura da bíblia".

Tal sistema foi duramente criticado, pois era baseado na solidão e no silêncio, não havendo qualquer tipo de comunicação entre os presos. César Roberto Bittencourt, com propriedade, afirma sobre o Sistema Filadélfico ou Pensilvânico que:

> Já não se trataria de um sistema penitenciário criado para melhorar as prisões e conseguir a recuperação do delinquente, mas de um eficiente instrumento de dominação servindo, por sua vez, como modelo para outro tipo de relações sociais. (2011, p. 78-80)

Tal sistema foi adotado, com algumas modificações, por diversos países da Europa, durante o século XIX: Inglaterra em 1835, Bélgica em 1838, Suécia em 1840, Dinamarca em 1846, Noruega e Holanda em 1851 e também a Rússia.

2.4.2 Sistema Auburniano

Chamado de *auburniano* porque tem origem na construção de uma penitenciária na cidade de Auburn, Estado de Nova York, em 1818, sendo seu primeiro diretor foi Elam Lynbds

Inicialmente era confinamento absoluto, porém nos idos de 1824 permitiu o trabalho em comum dos reclusos, sob absoluto silêncio e confinamento solitário durante a noite. Apesar do trabalho em comum, era terminantemente proibido a comunicação entre os presos.

A maior diferença entre o sistema pensilvânico e o sistema auburniano, ocorre no que diz respeito à segregação; enquanto no sistema pensilvânico a segregação era durante todo o dia; no alburniano era possível o trabalho coletivo por algumas horas.

Outro detalhe importante: no sistema pensilvânico o trabalho era realizado em celas individuais, ao contrário do auburniano. Com isso, consequentemente, o retorno econômico proveniente do trabalho prisional, através do sistema pensilvaniano, era escasso. Quando o *separate or solitary system* foi desenvolvido, o objetivo da reclusão penitenciária era, preferencialmente, evitar a contaminação moral entre presos e promover a reflexão e o arrependimento, ficando em segundo plano obter rendimentos do trabalho prisional.

Já naquela época, o sistema auburniano, embora mantivesse a preocupação com a emenda dos condenados e procurasse evitar a contaminação moral através da imposição da disciplina do silêncio, aparentemente colocava em primeiro lugar a necessidade de auferir ganhos com o trabalho dos presos. Com isso houve muita pressão das associações sindicais que se opuseram ao desenvolvimento de um trabalho penitenciário. A produção nas prisões representava menores custos ou podia significar uma competição ao trabalho livre. Outro aspecto negativo do sistema auburniano, que era uma de suas características mais marcantes, foi o rigoroso regime disciplinar aplicado. A importância dada à disciplina deve-se, em parte ao fato de que o *silent system* acolhe, em seus pontos, estilo de vida militar. Os castigos eram cruéis e demasiadamente excessivos.

2.4.3 Sistema Progressivo

Este sistema caracterizava em distribuir o tempo de duração da condenação em períodos, ampliando-se em cada um os privilégios que o recluso pode desfrutar de acordo com sua boa conduta e o aproveitamento demonstrado do tratamento reformador, sendo que antes do término da condenação possibilitava ao recluso reincorporar-se à sociedade.

Era constituído de três fases, sendo que a primeira consistia em um período de isolamento celular diurno e noturno, no qual o condenado podia estar submetido a trabalho obrigatório. Na segunda fase o regime de trabalho em comum durante o dia e durante a noite havia o isolamento celular. Nesse período começava o uso das marcas ou vales, que deram nome ao sistema, e para esse fim os reclusos eram divididos em quatro classes: a de prova, a terceira, a segunda e a primeira. Havia progressão de uma categoria para a outra, que se fazia mediante a contagem das marcas ou vales obtidos pelos reclusos, que eram atribuídos, a cada dia, observando-se, basicamente, o empenho no trabalho e o comportamento prisional. Já a última fase era a concessão do livramento condicional (BITENCOURT 2011, p. 81).

O objetivo era a busca pela *ressocialização* do recluso. O sistema progressivo media a duração da pena por uma soma de trabalho e de boa conduta imposta ao condenado. Referida soma era representada por certo número de marcas ou vales, de maneira que a quantidade de vales que cada condenado necessitava obter antes de sua liberação deveria ser proporcional à gravidade do delito. Diariamente, segundo a quantidade de trabalho produzido, creditava-se lhe uma ou várias marcas, deduzidos os suplementos de alimentação ou de outros fatores. Tinha muita similitude com o atual sistema de remissão de penas.

Para época o sistema progressivo foi considerado um avanço, visto que, pelo menos, amenizou as condições desumanas no cárcere e permitiu que a pena não fosse integralmente cumprida no *regime fechado*, isto é, era *menos severo* que os demais. Entretanto, nos dias de hoje, tal sistema é ineficaz para *recuperar* o indivíduo. Isto porque o modelo progressivo compele o preso a apresentar comportamento adequado, para que assim possa atenuar sua pena, mostrando de forma gradativa sua aptidão a reintegrar-se à sociedade, isso depois de ter convivido com indivíduos da mais alta periculosidade. Ou seja: a prisão acaba se transformando numa faculdade do crime, criando mais frustrações no recluso. Os valores aprendidos dentro da prisão não têm nada a ver com os da vida em liberdade e que parece uma escola de crianças grandes bastante complicada" (ZAFFARONI, 2012, p. 448).

2.5 As Prisões no Brasil

Conforme visto, a prisão figurando como pena é de aparecimento tardio na história do direito penal. No Brasil não foi diferente. O Brasil, até 1830, não tinha um Código Penal próprio por ser ainda uma colônia portuguesa, submetia-se às Ordenações Filipinas, que em seu livro V trazia o rol de crimes e penas que seriam aplicados no Brasil. Eram previstas a pena de morte, degrado para as galés e outros lugares, penas corporais (como açoite, mutilação, queimaduras), confisco de bens e multa e ainda penas como humilhação pública do réu. Naquela época não existia a previsão do cerceamento e privação de liberdade, posto que as ordenações são do século XVII e os movimentos reformistas penitenciários começam só no fim do século seguinte, os estabelecimentos prisionais do Brasil seguiam o antigo entendimento de prisão como meio de evitar a fuga para a pena que viria e não como fim, como pena.

Com a Constituição de 1824, o Brasil começa a reformar seu sistema punitivo, sendo banido as penas de açoite, a tortura, o ferro quente e outras penas cruéis. É determinado que as prisões devem apresentar condições salubres, e que fosse feito a separação dos réus, conforme a circunstâncias e natureza dos seus crimes. Aos escravos continuava a aplicação de penas cruéis.

Em 1830, foi promulgado o Código Criminal do Império, sendo que a pena de prisão foi introduzida no Brasil em duas formas: a prisão simples e a prisão com trabalho. Acompanhando os debates que ocorriam na Europa, a pena de prisão passa a ter um papel predominante no rol das penas, mas ainda se mantinham as penas de morte e de galés. Não havia nenhum sistema específico, sendo que ficava a critério dos governadores das Províncias.

Para acompanhar o sistema prisional, a Lei Imperial de 1º de outubro de 1828 cria as Câmaras Municipais e, entre suas atribuições, têm em seu artigo 56 o seguinte:

> artigo 56. Em cada reunião, nomearão uma commissão de cidadãos probos, de cinco pelo menos, a quem encarregarão a visita das prisões civis, militares, e ecclesiasticas, dos carceres dos conventos dos regulares, e de todos os estabelecimentos publicos de caridade para informarem do seu estado, e dos melhoramentos, que precisam.

A finalidade das comissões era produzir relatórios para o aprimoramento da prisão como pena. Em seus primeiros relatos, a comissão trouxe a realidade lastimável desses estabelecimentos. O primeiro relatório da cidade de São Paulo, datado em abril de 1829 já tratava de problemas que ainda hoje existem, como falta de espaço para os presos, mistura entre condenados e aqueles que ainda aguardavam julgamento. Já no relatório de setembro do mesmo ano, a situação relatada pela comissão é ainda pior:

> Ao descrever o sórdido ambiente, imundo e cheio de fumaça, deixa-se claro que os presos faziam pequenos objetos (pentes, colheres) com chifres de boi. Assistência médica precária, alimentação ruim e pouca, mistura de presos condenados e não condenados, falta de água, acúmulo de lixo fizeram a comissão concluir que tal era *"o miserável estado da Cadea capas de revoltar ao espírito menos philantropo"*. (Salla, Fernando. Op. cit., p. 49)

Acompanhando os debates quanto aos sistemas penitenciários estrangeiros, principalmente o Sistema da Filadélfia e o Sistema de Auburn, se inicia o debate no Brasil já que no ano de 1850 e 1852 as Casas de Correção do Rio de Janeiro e de São Paulo seriam inauguradas, respectivamente. As respectivas prisões seguiram o esboço do estilo panóptico de Jeremy Bentham.

Já nessa época era notável a preocupação em criar um ambiente favorável para o cumprimento das penas que o Código de 1830 trouxe (prisão simples e prisão com trabalho) e para o Sistema de Auburn, que foi escolhido para as duas prisões, elas continham oficinas de trabalho, pátios e celas individuais.

Conforme Salla (Op. cit., p. 178), existia um grande abismo entre o que era previsto em lei com a realidade carcerária; por exemplo, no ano de 1906, foram condenados 976 presos, no estado de São Paulo, à prisão celular, sendo que existiam apenas 160 vagas para esse tipo de prisão no estado, portanto 816 presos (90,3%) cumpriam pena em condições diversas àquela prevista no Código Penal vigente. Essa disparidade entre pena e lei dava-se pela grande quantidade de crimes com previsão de pena celular, e uma absoluta falta de estabelecimentos próprios para o cumprimento dessa pena.

Já naquela época o problema da falta de vagas nas prisões da Capital criava outro grave problema de deterioração do ambiente dos presos. E como demonstra Salla, este quadro todo era agravado por uma prática comum das comarcas do interior, a transferência dos presos para a Cadeia da Capital, quando a comarca não tinha uma prisão própria para o cumprimento da pena. Longe de seus entes queridos, o preso tende a ficar mais revoltado e propenso às rebeliões.

Com a abolição da escravatura, seguida da Proclamação da República, as leis penais sofreram sensíveis mudanças, sendo que em 1890 foi promulgado o Código Penal da República. Nele constava diversas modalidades de prisão, tais como a prisão celular, a reclusão, a prisão com trabalho forçado e a prisão disciplinar, sendo que cada modalidade era cumprida em estabelecimento penal específico.

Já no início do século XX, as prisões brasileiras já apresentavam precariedade de condições, superlotação e o problema da não-separação entre presos condenados e aqueles que eram mantidos sob custódia durante a instrução criminal. A realidade carcerária do Brasil era uma comunhão de condições cruéis, desumanas ou degradantes.

O atual Código Penal data de 1940, sendo que trazia várias inovações e tinha por princípio a moderação por parte do poder punitivo do Estado. No entanto, a situação prisional já era tratada com descaso pelo Poder Público e já era observado àquela época o problema das superlotações das prisões, da promiscuidade entre os detentos, do desrespeito aos princípios de relacionamento humano e da falta de aconselhamento e orientação do preso visando sua regeneração.

Em relação à execução penal, a matéria era disposta dentro do Código Criminal do Império até que em 1933 o jurista Cândido Mendes de Almeida presidiu uma comissão que visava elaborar o primeiro código de execuções criminais da República. Este projeto não chegou nem mesmo a ser discutido em virtude da instalação do regime do Estado Novo, em 1937, que acabou por suprimir as atividades parlamentares. De lá para cá houve vários projetos, porém sem lograr êxito, pois os projetos apresentados pelos juristas não se convertiam em lei.

Só em 1983 que é aprovado o projeto de lei do Ministro da Justiça Ibrahim Abi Hackel, o qual se converteu na Lei n. 7.210 de 11 de Julho de 1984, a atual e vigente Lei de Execução Penal. É considerada uma lei de vanguarda, sendo que seu espírito filosófico se baseia na efetivação da execução penal como sendo forma de preservação dos bens jurídicos e de reincorporação do homem que praticou um delito à comunidade. Rogério Greco, em uma de suas entrevistas, alega que temos uma lei de execução penal criada para um país de primeiro mundo, e um sistema prisional medieval (https://pt.linkedin.com/pulse/rog%C3%A9rio-greco-raio-x-do-sistema-prisional-brasileiro-problemas-nunes).

A partir da promulgação da Lei de Execuções Penais a execução penal é definitivamente erigida à categoria de ciência jurídica e o princípio da legalidade a domina. O grave problema enfrentado hoje é a falta de efetividade no cumprimento e na aplicação desta Lei.

2.5.1 Tipos de Pena no Brasil

O Direito penal comporta dois tipos de sanção: a pena (privativa de liberdade, restritiva de direitos e multa) e a medida de segurança (detentiva ou restritiva), sendo que este trabalho ficará restrito aos estudos dos tipos de pena

a) Pena de morte

A pena de morte é uma forma de punição não utilizada desde o século XIX no Brasil. Seu último uso para crimes civis foi em 1876 e não é utilizada oficialmente desde a Proclamação da República em 1889. Historicamente, o Brasil é o segundo país das Américas a abolir a pena de morte como forma de punição para crimes comuns, precedido pela Costa Rica, que aboliu a prática em 1859.

Apesar de ser abolida, ainda é prevista para crimes militares cometidos em guerra, de acordo com o artigo 5º, XLVII, "a", da Constituição Federal.

Excluída a pena de morte, a lei oferta várias outras espécies a serem adotadas. Podem elas ser privativas de liberdade, restritivas de direitos e de multa. O maior número de penas é de reclusão e detenção, estando a revelar o domínio das penas privativas de liberdade no sistema penal brasileiro.

b) Pena privativa de liberdade

As penas privativas de liberdade podem ser: reclusão, detenção e prisão simples. Todas essas espécies são conhecidas como pena de prisão, apesar de haver diferenças entre elas.

A pena de prisão simples é a mais branda dentre as três espécies, destinando-se, somente às contravenções penais, não podendo ser cumprida, portanto, em regime fechado, tal espécie de pena privativa de liberdade pode ser cumprida somente em regime semiaberto e aberto. Tal fato se dá por ser incompatível incluir um condenado por contravenção penal no mesmo ambiente de criminosos. A casa de albergado é a unidade onde condenados devem cumprir o regime aberto, segundo a lei.

Na verdade, no regime aberto, o condenado deveria passar o dia trabalhando livremente e se recolher durante a noite para um estabelecimento conhecido como Casa do Albergado, mas como há pouquíssimas Casas de Albergado em nosso país, é concedido a prisão domiciliar.

A crítica que se faz sobre o regime aberto, é que, por falta de estrutura, tal regime de cumprimento de pena equipara-se a quase uma absolvição com efeitos penais, pois a única coisa que acontece é o nome do condenado ser inscrito no rol dos culpados e ficar estabelecida reincidência caso o acusado cometa um outro crime.

Se a pena de prisão simples é para a contravenção, a pena de reclusão é prevista para os crimes mais graves, tais como crimes de homicídio doloso, roubo, furto ou tráfico de drogas, etc. Ela é cumprida inicialmente em regime fechado, semiaberto ou aberto, sendo vedado o pagamento de fiança caso o crime possua pena superior a dois anos, conforme preceitua o artigo 323, inciso I, do Código Penal.

A pena de reclusão pode ser cumprida no regime fechado, semiaberto ou aberto, e normalmente é cumprida em estabelecimentos de segurança máxima ou média.

O que se depreende é que a pessoa punida com reclusão precisa ser retirada do convívio social, como o próprio nome da pena indica, diferentemente do que ocorre com a detenção, onde a pessoa precisa ser detida em relação a suas práticas criminosas.

Já a pena de detenção está reservada para os crimes mais leves e não admite que o início do cumprimento seja no regime fechado. Em regra, a detenção é cumprida no regime semiaberto, em estabelecimentos menos rigorosos como colônias agrícolas, industriais ou similares, ou no regime aberto, nas casas de albergado ou estabelecimento adequados.

Nos casos de detenção, caso o réu transgrida as regras impostas, ele poderá ser conduzido ao regime fechado, conforme preconiza o artigo 33 do CP.

Por fim, no sistema penal brasileiro, a determinação da pena serve para indicar a sociedade a gravidade do delito praticado, sendo que as penas de reclusão e detenção são medidas de restrição de liberdade, e são previstas como pena para crimes. A pena de reclusão admite o regime inicial fechado; A detenção não admite o regime inicial fechado; e a prisão simples não admite o regime fechado em hipótese alguma.

C) Pena restritiva de direito

Na pena de restrição de direitos, a decepção afasta qualquer boa intenção na diminuição da população carcerária, pois a mesma não é aplicada diretamente. Isto porque ela é aplicada somente em substituição à pena privativa de liberdade.

A pena restritiva de direitos é uma das 3 espécies de penas estabelecidas pelo Código Penal, conforme texto do seu artigo 32, a serem aplicadas ao condenado. Também são chamadas de penas *alternativas*, pois são uma alternativa à prisão, em vez de ficarem encarcerados, os condenados sofrerão limitações em alguns direitos como forma de cumprir a pena.

O artigo 43 do mencionado diploma legal descreve as possibilidades de penas restritivas como: prestação pecuniária, perda de bens e valores, limitação de fim de semana, prestação de serviços à comunidade, e interdição de direitos.

Deve ser destacado que o artigo 44 determina que as penas restritivas substituem as privativas de liberdade quando os requisitos forem preenchidos. Assim, não é qualquer pena privativa de liberdade que pode ser substituída, bem como também não é decisão discricionária do magistrado, se ele constatar a presença dos requisitos, deve aplicar a substituição. Segundo o mencionado artigo, a pena deve ser substituída quando: 1) não houve violência ou ameaça no cometimento do crime, a pena aplicada não for maior do que 4 anos, ou para crimes culposos independente da pena; 2) o réu não for reincidente em crime doloso; e 3) o réu não tiver maus antecedentes.

Em relação aos casos de violência doméstica o entendimento que prevalece no Superior Tribunal de Justiça é que mesmo que a pena seja inferior a 4 anos, não é possível a substituição por penas restritivas de direitos. Tal entendimento foi objeto do enunciado de Súmula nº 588 do Superior Tribunal de Justiça.

Por fim, no caso de descumprimento injustificado da restrição a pena restritiva de direito se converte em privativa de liberdade. Eis a dicção do artigo 44, § 4º da CP:

> A pena restritiva de direitos converte-se em privativa de liberdade quando ocorrer o descumprimento injustificado da restrição imposta. No cálculo da pena privativa de liberdade a executar será deduzido o tempo cumprido da pena restritiva de direitos, respeitado o saldo mínimo de trinta dias de detenção ou reclusão.

Já no parágrafo 5º é preceituado que

> Sobrevindo condenação a pena privativa de liberdade, por outro crime, o juiz da execução penal decidirá sobre a conversão, podendo deixar de aplicá-la se for possível ao condenado cumprir a pena substitutiva anterior.

d) Pena de multa

As penas de multa são sempre combinadas com a pena restritiva da liberdade. Também conhecida como pena pecuniária, é uma sanção penal (não é tributo), consistente na imposição ao condenado da obrigação de pagar ao fundo penitenciário determinada quantia em dinheiro, calculada na forma de dias-multa, atingindo o patrimônio do condenado. Não se pode confundir com tributo.

Multa é uma espécie de pena por meio da qual o condenado fica obrigado a pagar uma quantia em dinheiro que será revertida em favor do Fundo Penitenciário. O pagamento da pena de multa é fixada na própria sentença condenatória. Depois que a sentença transitar em julgado, o condenado terá um prazo máximo de 10 dias para pagar a multa imposta (artigo 50 do CP).

A pena de multa pode ser prevista como punição única, a exemplo do que ocorre na Lei de Contravenções Penais (Decreto-Lei n. 3688/41), ou pode ser cominada e aplicada cumulativamente com a pena privativa de liberdade, a exemplo do artigo 155 do Código Penal, quando trata do crime de furto, prevendo em seu preceito secundário a pena de reclusão de 1 a 4 anos e multa, ou ainda de forma alternativa, com a pena de prisão, a exemplo do crime de perigo de contágio venéreo, previsto no artigo 130, cominando pena de detenção, de três meses a um ano, ou multa.

Se anteriormente, no caso de descumprimento, a pena de multa era convertida em pena de detenção, com a Lei n. 9.268/96 este panorama mudou. Consta no artigo 51 do Código Penal, com alteração feita pela Lei n. 9.268/96 que:

> Transitada em julgado a sentença condenatória, a multa será considerada dívida de valor, aplicando-se-lhes as normas da legislação relativa à dívida ativa da Fazenda Pública, inclusive no que concerne às causas interruptivas e suspensivas da prescrição.

Desta forma a pena de multa não é mais convertida em pena de detenção. Isso foi importante, pois era comum as pessoas mais pobres cumprirem penas maiores, tendo em vista a conversão em pena de detenção.

Por outro lado, com a Lei n. 9.268/96, a atribuição para execução da multa passou a ser da Fazenda Pública, através da Procuradoria Fiscal, deixando de ser atribuição do Ministério Público, apesar de opiniões em contrário, no sentido de que seria da competência do Ministério Público que se utilizaria da Lei n° 6.830/80.

Insta mencionar que mesmo sendo considerada dívida de valor, a multa não perdeu a natureza de sanção penal, sendo que não há como retirar do Ministério Público essa atribuição. Ademais, a pena imposta na condenação só pode ser extinta após o cumprimento da pena privativa de liberdade e o pagamento da dívida.

Atualmente o entendimento que prevalece é que o Ministério Público possui legitimidade para propor a cobrança de multa decorrente de sentença penal condenatória transitada em julgado, com a possibilidade subsidiária de cobrança pela Fazenda Pública. Tal multa é executada pelo Ministério Público, na vara de execução penal, aplicando-se a Lei de Execuções Penais.

No caso de inércia do Ministério Público por mais de 90 dias após ser devidamente intimado, a Fazenda Pública executará, na vara de execuções fiscais, aplicando-se a Lei n. 6.830/80. Este novo entendimento do STF é contrário ao enunciado de súmula 521 do STJ que diz: "Súmula 521-STJ: A legitimidade para a execução fiscal de multa pendente de pagamento imposta em sentença condenatória é exclusiva da Procuradoria da Fazenda Pública."

Com isso fica superada e deverá ser cancelada a Súmula 521-STJ.

É possível que o condenado requeira o parcelamento da multa em prestações mensais, iguais e sucessivas, podendo o juiz autorizar, desde que as circunstâncias justifiquem (ex: réu muito pobre, multa elevadíssima etc.). O parcelamento deverá ser feito antes de esgotado o prazo de 10 dias. Antes de decidir, o magistrado poderá realizar diligências para saber se o réu é pobre, se a multa é elevada para os padrões do réu, verificando a real situação econômica do condenado e, ouvido o Ministério Público, fixará o número de prestações (artigo 169, § 1º da LEP).

Lógico e evidente que se a condição econômica do réu melhorar, o Juiz, de ofício ou a requerimento do Ministério Público, poderá revogar o benefício (artigo 169, § 2º da LEP).

2.6 Princípio da dignidade da pessoa humana

O princípio da dignidade humana, base da nossa Constituição, conhecido também como um sobre-princípio, está preconizado no artigo 1º, inciso III da Constituição Federal de 1988, *in verbis*:

> Artigo 1º A República Federativa do Brasil, formada pela união indissolúvel dos Estados e Municípios e do Distrito Federal, constitui-se em Estado Democrático de Direito e tem como fundamentos:
>
> [...]

III - a dignidade da pessoa humana;

[...]

Como base do sistema constitucional, o princípio da dignidade da pessoa humana reforça a ideia de que a dignidade humana e o respeito aos direitos fundamentais são a base orientadora das ações do Estado, da interpretação e da aplicação das leis.

Ao falarmos de dignidade da pessoa humana estamos nos referindo a um conjunto de princípios e valores que tem a função de garantir que cada cidadão tenha seus direitos respeitados pelo Estado, e até mesmo por outras pessoas. Envolve direitos e deveres, propiciando condições necessárias para que uma pessoa tenha uma vida digna, sempre tendo como norte o respeito aos seus valores pessoais.

A dignidade da pessoa humana ainda é o um ideal a ser alcançado. Em vários setores da sociedade o cidadão e vilipendiado em seus direitos, sendo que até parece que a dignidade é um princípio utópico. Em relação aos nossos presos, a situação ainda é pior: de plano já fazemos uma relação com a situação daquelas pessoas que estão encarceradas. Isto porque os presos estão submetidos a tratamentos desumanos e degradantes, o quem vem ferir de morte uma outra regra constitucional insculpida no artigo 5º, inciso III, que diz que "Ninguém será submetido à tortura nem a tratamento desumano ou degradante". Já no inciso XLIX, está estabelecido que "é assegurado aos presos o respeito à integridade física e moral".

E a desobediência aos cânones constitucionais não vêm de hoje: já na redação da Constituição de 1824 tinha um artigo em que era preceituado que "As cadeias serão seguras, limpas e bem arejadas, havendo diversas casas para separação dos réus, conforme suas circunstâncias e natureza dos seus crimes." (Cesar Ramos Leal).

O objetivo da pena como forma de punição não está sendo alcançado. O Marquês de Bonessanam já afirmava que havia duas finalidades primordiais na aplicação das penas: uma de impedir que o réu cause novos danos aos seus concidadãos e outra é a de desestimular aos outros cidadãos a praticar delitos

Manter o sistema prisional envolve vários gastos, sendo que da forma como o mesmo atua é reconhecidamente não ressocializador. Pelo contrário, ele dessocializa. Se o tratamento não pode ser desumano e nem degradante, o que dizer da superpopulação dos presídios, da violência constante contra os detentos, bem como a ruptura dos vínculos com a comunidade e com a família? Qual o vínculo que o preso tem com a atividade laboral? Por podemos dizer, com certeza, que a prisão não está exercendo nem o seu papel intimidatório.

Segundo Bauman (2001, p. 29), o nosso mundo líquido e instável deveria ser diferente do mundo medieval, porém, imerso em coisas fúteis e superficiais, há um retrocesso a um período medieval, onde a aplicação da justiça não é proporcional, não educando e nem reinserindo o criminoso na sociedade.

Dessa forma, estamos diante da falta de controle do Estado sobre a violência, sobre o crime. Isto gera revolta na população, que resolvem por iniciativa própria, punir, aplicar sanções aos indivíduos delinquentes.

No aspecto da impunidade e ineficácia estatal, Zygmunt Bauman (2001, p. 138) já dizia que a violência acaba sendo a opção para combater a violência. A modernidade contemporânea vive desamparada pelo Estado, vive em vulnerabilidade.

O Estado está inerte e falido, sendo que além da violência estatal, os presos também são submetidos a vinganças *privadas* no interior das prisões. Na prisão quem não fizer parte de uma facção corre o sério risco de ser morto ou mutilado. Sociologicamente falando, existem duas organizações dentro de uma única: os poderes estatais e o respeito aos comandos do crime organizado. (GAMA, 1997)

Também deve ser trago à tona que em nosso país, os presos não são separados por idade, natureza da infração, condição processual. Não há, praticamente, nenhuma assistência médica, odontológica, etc. Se não há para o cidadão livre, imagina para aqueles que estão aprisionados?

No Contrato Social, presente na obra de Rosseau, verifica-se que a sociedade mantém um contrato com o Estado, devendo este último responder e tutelar os interesses da sociedade. Interessante observar que mesmo os punidos pelo Estado são de sua responsabilidade. Por isso fala-se tanto em ressocialização. Se a pena é a prisão, com o intuito de ressocializar o condenado, com este deverão ser trabalhadas formas de reintegração social e não mais castigos.

Se o objetivo do sistema prisional for apenas vigiar e punir, estaremos fadados à ruptura do contrato social, sendo que haverá um aumento na miséria que ocorre dentro dos estabelecimentos prisionais em contraposição ao princípio da dignidade humana.

Com investimentos superiores aos da educação, a sistema prisional não está cumprindo a sua função de ressocializar o condenado. Não se investe em programas de ressocialização, sendo que ao se ver livre dos muros da prisão, o detento tende a retornar ao mundo do crime. Poucos são os que se recuperam e ficam longe dos crimes, porém nem a estes o Estado proporciona qualquer tipo de apoio.

A prisão estigmatiza não apenas do preso, mas também os seus familiares e amigos, visto que não ele só ele que está fadado à violência reinante no interior das prisões, mas todos ao seu redor.

2.7 Principais problemas do Sistema Prisional Brasileiro

Apesar de não ser o objetivo desta dissertação tratar dos principais problemas do sistema prisional, necessário se faz tecer alguns comentários sobre esses problemas, que demonstram que o sistema prisional é totalmente ineficaz em sua função ressocializadora.

De cara, deparamos que o sistema prisional está sucateado. Não existe verba pública para aplicar em política criminal. Ademais, como o preso não vota, também falta interesse político. Os estabelecimentos penais estão vivendo um caos, com um cenário de superlotação, escassez de agentes penitenciários e falta de um modelo de gestão. Qualquer solução para o sistema prisional, seja no curto ou longo prazo, depende de investimento e de recursos federais e estaduais. Considerando que o crime organizado tomou conta dos presídios, talvez o mais importante nesse momento seria retomar o comando das unidades prisionais.

A falta de investimentos, aliados a outros fatores, contribuem para as péssimas condições vivenciadas no interior do sistema prisional. A superlotação carcerária, a falta de trabalho, tortura e maus tratos, falta de saúde, etc, acabam fomentando rebeliões, dando forças para que o crime organizado cresça, demonstrando que ele é quem verdadeiramente comanda as prisões.

Os problemas prisionais já assolam o país há décadas. No ano de 1976, a Câmara dos Deputados instituiu uma Comissão Parlamentar de Inquérito para analisar as condições do interior dos presídios. Em seu relatório da CPI, o Deputado Federal Ibrahim Abi-Ackel, afirmou que

> A deterioração do caráter resultante da influência corruptora da subcultura criminal, o hábito da ociosidade, a alienação mental, a perda paulatina da aptidão para o trabalho, o comprometimento da saúde são consequências desse tipo de confinamento promíscuo, já definido alhures como 'sementeiras da reincidência', dados os seus efeitos criminógenos (LEMGRUBER, 2001, p.19)

O Ministro da Corte Suprema da Argentina e vice-presidente da Associação Internacional de Direito Penal, Eugenio Raúl Zaffaroni acredita que o mundo moderno no fundo gosta da situação. As sociedades atuais são excludentes e precisam se livrar dos indesejados. Sistema prisional que não recupera ninguém e parece um *matadouro* ou uma *universidade do crime* seria o *bueiro perfeito* (ZAFARONI, 2014).

Portanto, há tempos que a situação vivenciada pelos presos é caótica, com superlotação, violência e inexistência de assistência ao preso em suas necessidades mais básicas. Sem querer esgotar o assunto, neste tópico serão expostos alguns dos principais problemas que têm sido encontrados na atualidade, no que se refere ao sistema prisional, como a superlotação, ociosidade, prisionalização, facções criminosas, tortura, etc.

2.7.1 Superlotação

A superlotação é, talvez, o mais básico e crônico problema que atinge todos os estabelecimentos penais.

> Os estabelecimentos penais destinam-se ao condenado, ao submetido à medida de segurança, ao preso provisório e ao egresso. O mesmo conjunto arquitetônico poderá abrigar estabelecimentos de destinação diversa desde que devidamente isolados (PENITENCIÁRIA, 2016).

O sistema prisional brasileiro apresenta os seguintes tipos de estabelecimentos penais: Cadeias Públicas, Penitenciárias, Colônias Agrícolas, Industriais ou Similares, Casas do Albergado, Hospitais de Custódia e Tratamento Psiquiátrico e Patronatos. O Brasil possui 821 Cadeias Públicas, que são destinados ao recolhimento de pessoas presas em caráter provisório.

A Lei n. 7.210, de 1984, conhecida como Lei de Execução Penal (LEP), determina que nesses estabelecimentos penais todos os presos devem cumprir suas normas. (CNJ, 2016).

A superlotação transforma os presídios em depósitos de seres humanos, lugar propício para fugas e rebeliões, onde impera a lei do crime.

A falta de espaço obriga os detentos a se revezarem para dormir. Numa cela planejada para caber 6 presos, se amontoam mais de 15. Isso acarreta dificuldades em se locomover no interior das celas. Com celas tão superlotadas, nem lugar para fazer necessidades fisiológicas têm, tendo os presos que procurarem outras alternativas. Às vezes urinam na própria roupa.

Pela primeira vez, o sistema prisional brasileiro ultrapassou a marca de 700 mil presos. São exatamente 726.712 pessoas privadas de liberdade, sendo que assumimos o terceiro lugar no ranking dos países que mais prendem no mundo. Houve um aumento da ordem de 707% em relação ao total de presos registrados no início da década de 90.

O Instituto de Defesa do Direito de Defesa (2017, p. 3), "entre 2005 e 2014, o crescimento populacional brasileiro foi de 10%, ao passo que da população prisional teria sido de 72% e, finalmente, do número de vagas de 80%."

Segundo o INFOPEN (2017)

> Em Junho de 2016, existiam 726.712 pessoas privadas de liberdade no Brasil, sendo 689.510 pessoas que estão em estabelecimentos administrados pelas Secretarias Estaduais de Administração Prisional e Justiça, o sistema penitenciário estadual; 36.765 pessoas custodiadas em carceragens de delegacias ou outros espaços de custódia administrados pelas Secretarias de Segurança Pública; e 437 pessoas que se encontram nas unidades do Sistema Penitenciário Federal, administradas pelo Departamento Penitenciário Federal.

Em junho de 2016 havia no sistema penitenciário 368.049 vagas e um déficit de 358.663. O que mais assusta é que, para o cálculo da população prisional, foram desconsideradas as pessoas em prisão albergue domiciliar, por não se encontrarem em estabelecimentos penais diretamente administrados pelo Poder Executivo. Também foram desconsideradas neste levantamento as centrais de monitoração eletrônica, que serão consideradas em levantamento específico, a ser realizado pelo Departamento Penitenciário Nacional, no âmbito de sua política de penas e medidas alternativas à prisão. (INFOPEN 2017)

Nos idos de 2007, Porto (2007, p.21) relatava que a Fundação Internacional e Penitenciária coloca o Brasil como o país da América Latina com a maior população carcerária, bem como com o maior déficit de vagas vinculadas ao sistema penitenciário, sendo apenas seguido pelo México.

Conforme consta no gráfico abaixo, podemos afirmar que 55% da população prisional é formada por jovens, considerados até 29 anos, segundo classificação do Estatuto da Juventude (Lei n. 12.852/2013).

Gráfico 01: Faixa etária das pessoas privadas de liberdade no Brasil

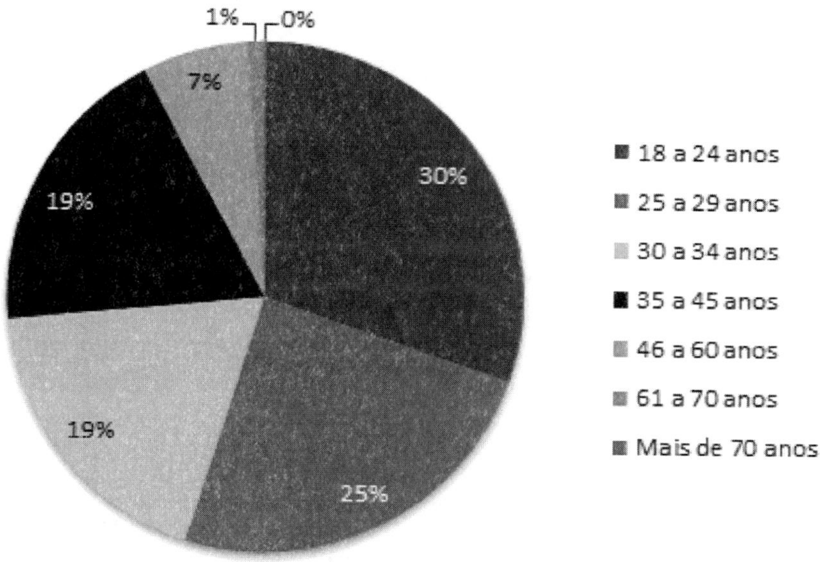

Fonte: Levantamento Nacional de Informações Penitenciárias - Infopen, Junho/2016.

Os dados do INFOPEN 2017 são estarrecedores: 55% dos presos têm até 29 anos, fração que se eleva a 74% se considerarmos os que possuem até 34 anos. No total, 64% são negros. Se forem considerados apenas a população do sistema penitenciário federal, 73% são negros. Em termos educacionais, do total de presos, 80% não concluiu o Ensino Médio. Em contrapartida, 0% possui Ensino Superior Completo. Quanto os homens, mais de 70% é acusado por tráfico ou crimes patrimoniais. Já em relação às mulheres, mais de 60% delas são acusadas por tráfico.

Em termos mundiais, o Brasil encontra-se em quarto lugar, apenas sendo superado pelos Estados Unidos (2,2 milhões), China (1,6 milhão) e Rússia (673,800 milhões).

Em alguns Estados, devido à superlotação das Delegacias de Polícia ou pequenas cadeias públicas, muitas mulheres são colocadas em celas masculinas que acabam sendo estupradas, como ocorreu no Estado do Pará, onde uma menina de 15 anos foi colocada uma cela na cadeia de Abaetetuba, juntamente com 20 homens, durante o período de um mês. Segundo o Conselho Tutelar do município e membros da comissão de direitos humanos da OAB do Pará, a menor, detida por furto, foi estuprada durante o tempo em que permaneceu na cadeia.

O estudo *Sistema prisional em números*, realizado pela Comissão do Sistema Prisional, Controle Externo da Atividade Policial e Segurança Pública, do Conselho Nacional do Ministério Público, informa que o Brasil tem uma taxa de superlotação carcerária de 166%. Segundo tal estudo, são 729.949 presos, sendo que existem vagas em presídios para 437.912 pessoas.

Analisando os dados verifica que a região norte possui a situação mais crítica, sendo que a superlotação atingiu a taxa de 200%. A região com a menor taxa é a Sul, com 130%. Os números são todos de 2018.

Para se ter uma noção do problema, o Estado do Tocantins possui capacidade para 3.449 presos, porém tem uma ocupação de 4.193. Em todo o Estado, a taxa de ocupação é de 121,57%. A situação é pior na Comarca de Dianópolis. A Casa de Prisão Provisória de Dianópolis tem capacidade para 24 presos, porém, por ocasião do estudo, possuía 92 presos ocupando as celas. A taxa de ocupação é de 383,33%.

2.7.1.1 Do Estado de coisas Inconstitucional

Conforme se observa, a superlotação dos presídios é a questão de direitos humanos mais grave do Brasil contemporâneo. O sistema penitenciário está à deriva, sendo que não há boa vontade na busca de soluções.

Diante de situações peculiares de omissão estatal e violação massiva de direitos humanos ocorridas em situações diversas neste país, o STF passou a adotar uma técnica conhecida como Estado de Coisas Inconstitucional. Tal técnica tem origem nos structural remedies dos Estados Unidos, em especial a sentença de Marbury vs.Madison. Diante da omissão dos grupos responsáveis pela inclusão dos negros nas escolas do Sul dos EUA, a Suprema Corte norte americana adotou uma posição ativista que buscava direcionar as políticas públicas a serem implantadas e controlar mais firmemente essa aplicação (LIMA, 2019, p.1).

Apesar de surgir nos Estados Unidos, foi na Colômbia que a teoria do estado de coisas inconstitucional atingiu seu ápice. Campos (2016, p. 21) conceitua o Estado de Coisa Inconstitucional que:

> Como a técnica de decisão por meio da qual cortes e juízes constitucionais, quando rigorosamente identificam um quadro de violações massiva e sistemática de direitos fundamentais decorrentes de falhas estruturais do Estado, declaram a absoluta contradição entre os comandos normativos constitucionais e a realidade social, e expedem ordens estruturais dirigidas a instar um amplo conjunto de órgãos e autoridades a formularem e implementarem políticas públicas voltadas à superação dessa realidade inconstitucional.

São três os pressupostos para caracterização de tal situação:

I. violação generalizada e sistêmica de direitos fundamentais;
II. inércia ou incapacidade reiterada e persistente das autoridades públicas em modificar a conjuntura;
III. situação que exige a atuação não apenas de um órgão, mas sim de uma pluralidade de autoridades para resolver o problema.

A solução vivenciada no interior das cadeias exige do Poder Judiciário a adoção de remédios estruturais voltados à formulação e execução de políticas públicas. É por isso que o Judiciário deve adotar uma posição ativa diante da omissão dos Poderes Executivo e Legislativo. O que alguns chamam de ativismo judicial é nada mais do que a adoção de medidas concretas para a solução do problema, que na maioria das vezes é criado pela falta de vontade política.

A teoria do Estado de Coisas Inconstitucional foi objeto de discussão no STF por meio da ADPF/347, onde foi reconhecido que o sistema prisional brasileiro é alvo do descaso, negligência e total indiferença do Estado. Tal decisão é um paradigma rumo à superação de tal quadro.

Para melhor entendermos a aplicação da supracitada teoria, faz-se necessário que colacionemos trechos brilhantes do julgamento da ADPF:

> Diante de tais relatos, a conclusão deve ser única: no sistema prisional brasileiro, ocorre violação generalizada de direitos fundamentais dos presos no tocante à dignidade, higidez física e integridade psíquica. A superlotação carcerária e a precariedade das instalações das delegacias e presídios, mais do que inobservância, pelo Estado, da ordem jurídica correspondente, configuram tratamento degradante, ultrajante e indigno a pessoas que se encontram sob custódia. As penas privativas de liberdade aplicadas em nossos presídios convertem-se em penas cruéis e desumanas. Os presos tornam-se "lixo digno do pior tratamento possível", sendo-lhes negado todo e qualquer direito à existência minimamente segura e salubre.
>
> Daí o acerto do Ministro da Justiça, José Eduardo Cardozo, na comparação com as "masmorras medievais.
>
> (...)
>
> A inércia configura-se não apenas quando ausente a legislação, mas também se inexistente qualquer tentativa de modificação da

> situação, uma vez identificada a insuficiência da proteção conferida pela execução das normas vigentes.
>
> (...)
>
> Há relação de causa e efeito entre atos comissivos e omissivos dos Poderes Públicos da União, dos Estados e do Distrito Federal, atacados nesta ação, e o quadro de transgressão de direitos relatado. O afastamento do estado de inconstitucionalidades, conforme se pretende nesta ação, só é possível mediante mudança significativa do comportamento do Poder Público, considerados atos de natureza normativa, administrativa e judicial. (STF - ADPF/347; Relator Min. Marco Aurélio)

Campos (2016, p. 96-97) informa que

> A doutrina do [estado de coisas inconstitucional] defende a intervenção estrutural da Corte Constitucional naqueles casos em que detecta uma violação massiva e sistemática de direitos. Tal situação é entendida como tendo sido gerada por deficiências dos arranjos institucionais do Estado [...] quando a Corte detecta um "bloqueio institucional" que gere uma violação de direitos dessa magnitude, ela declara a existência de uma realidade inconstitucional, sendo a principal consequência que a Corte passa a cumprir funções de criar políticas públicas, alocar recursos, e implementar direitos sociais e econômicos que seriam de competência do poder legislativo em um modelo convencional de separação de poderes.

Diante de toda a explanação delineada, percebemos que a superlotação é, sem dúvida alguma, um grande problema encontrado no sistema prisional que impede ou no mínimo dificulta, em muito, a ressocialização do preso, mas que poderá ser superado desde que haja empenho dos Poderes da República em modificar tal situação fática. A necessidade de construção e ampliação de novos estabelecimentos prisionais é urgente e condição sine qua non para que o sistema prisional dê um passo à frente rumo ao respeito à legislação vigente e ao texto constitucional.

2.7.2. Prisionalização

A prisionalização é a forma como a cultura carcerária é absorvida pelos internos, e que se traduz em assimilação, a qual implica um processo de aculturação, ou seja, as pessoas que são assimiladas vêm a compartilhar sentimentos, recordações e tradições do grupo estabelecido, o que se assemelharia ao que chamamos de processo de socialização. Só que o resultado no sistema prisional é inverso: a subcultura dos presídios acaba formando no detento um processo de dessocialização.

Isto ocorre porque a prisão é uma instituição total. Segundo Goffman (2002, p. 48), a prisão, como toda instituição, absorve parte do tempo e do interesse de seus membros, proporcionando-lhes um mundo particular, o qual sempre terá uma tendência absorvente que justamente se simboliza nos obstáculos que se opõem à interação social com o exterior.

A instituição total, assim, operaria na transformação do indivíduo em um ser passivo, uma vez que, a princípio, todas as suas necessidades dependeriam da instituição, passando o indivíduo por processos constantes de degradações, humilhações e profanações desde a sua admissão, classificação e anulação da sua intimidade, dada a ausência de privacidade.

Segundo Goffman (1974, p. 11):

> uma instituição total pode ser definida como um local de residência e trabalho onde um grande número de indivíduos com situação semelhante, separados da sociedade mais ampla por considerável período de tempo, levam uma vida fechada e formalmente administrada.

A prisão apresenta certas características que estimulam uma maior prisionalização, tais como condenações longas, poucas relações com as pessoas que se encontram fora da prisão e que podem exercer influência positiva no recluso, aceitação incondicional dos dogmas da sociedade carcerária, entre outros.

A prisionização tem sua origem em um dos capítulos da obra The Prision Community, do autor americano Donald Clemmer, o qual exerceu por mais de trinta anos as funções de diretoria e fiscalização no Departamento Penitenciário do Distrito do Governo de Columbia. Clemmer criou o termo prisionização porque

> [...] assim como utilizamos o termo Americanização para descrever o maior ou menor grau de integração do imigrante ao esquema de vida da América, nós podemos utilizar o termo prisionização para indicar adoção, em maior ou menor grau, do modo de pensar dos costumes, dos hábitos e regras da cultura geral da penitenciária (CLEMMER, 1958, p. 299).

Dentro do ambiente prisional o preso é submetido a diversas regras de disciplina, tendo como objetivo a imposição de um determinado comportamento considerado adequado, tanto por partes das autoridades quanto dos já encarcerados. Através do processo de prisionalização o preso passa a abrir mão de suas características culturais e pessoais, assimilando a cultura prisional, perdendo de forma gradual suas características individuais que o acompanhavam quando do seu ingresso na prisão.

Bitencourt (2011, p. 161-164) chama de crise da pena privativa de liberdade, que poderia ser objeto de contestação, haja vista a centralidade e o reforço sempre atual da pena de prisão. Segundo Bitencourt (2011, p. 168) o fato de que a prisão não consegue frear a delinquência, pelo contrário, é produtora de toda a sorte de desumanidade, produzindo, assim, mais violência e consequente criminalidade.

Interessante que a prisionalização também exerce um efeito nefasto sobre os agentes prisionais. Isto demonstra que os graves problemas do sistema prisional não atingem só os presos, mas também os agentes penitenciários.

Infelizmente nossas prisões são insalubres, apresentam péssima iluminação, não possuem corredor de ar e nenhuma ventilação. No seu interior é possível encontrar diversos tipos de pragas, como ratos, baratas, etc. Celas insalubres e superlotadas se tornam locais propícios a proliferação de epidemias. Sabemos que a alimentação, na maioria das vezes é de baixa qualidade, sendo que o uso de drogas e outras deficiências fazem com que um preso que adentrou no presídio gozando de boa saúde, saia de lá acometido de uma doença ou com sua resistência física e saúde fragilizadas.

Quem trabalha num lugar como esse acaba tendo sérios problemas de saúde. O que dizer daqueles agentes que fazem plantões de 72 horas, sendo obrigados a permanecer num ambiente tão hostil, em todos os aspectos?

Portanto, os agentes penitenciários sofrem o fenômeno da prisionização, pois se sabe que na prisão existem dois presos, o apenado e o funcionário, que em menor ou maior grau, adotam as transformações advindas do ambiente prisional, bem como suas dinâmicas.

É por isso que vemos que o detento, quando posto em liberdade, após tantos anos submetido ao ambiente carcerário, voltará a se delinquir. Isto porque ele não tem outra cultura, além daquela que vivenciou no ambiente prisional.

2.7.3 Ociosidade

A ociosidade dentro das prisões é um outro grave problema a ser enfrentado. Isto porque o detento ocioso é caro, inútil e nocivo à sociedade, sendo mais caro manter um preso do que um estudante do ensino fundamental, pois o custo mensal do preso é três vezes maior do que a manutenção de um aluno.

Completamente no ócio, dentro da prisão o ser humano perde a sua condição de ser humano, pois passa a viver sem nenhuma perspectiva de vida. Sabe que neste momento está vivo, mas não se sabe o que pode ocorrer em segundos. Sem qualquer envolvimento laboral, o preso vive pior do que quando foi retirado de sua favela. Lá ele tinha seus sonhos e suas expectativas. Dentro do cárcere nada mais lhe resta do que priorizar o crime, senão não consegue sobreviver num ambiente tão hostil e violento.

Com o passar do tempo, a ociosidade traz sérios problemas ao preso, causando deterioração da sua saúde físico-psíquica.

Para acabar com a ociosidade do preso nada mais do que o exato cumprimento da Lei de Execução Penal. Aliás, a própria Lei de Execuções Penais, em seu artigo 41, incisos V, e VI trazem a garantia do detento ao trabalho e atividades recreativas. Senão vejamos:

> Artigo 41 - Constituem direitos do preso:
>
> 1) proporcionalidade na distribuição do tempo para o trabalho, o descanso e a recreação;
>
> 2) exercício das atividades profissionais, intelectuais, artísticas e desportivas anteriores, desde que compatíveis com a execução da pena;

Os presos ficam durante toda a parte do cumprimento da pena privativa de liberdade dentro de uma cela minúscula, superlotada, pensando ao acaso, com horário apenas para o banho de sol e as visitas. Para se ter um exemplo, a CPPD abriga mais de 100 presos divididos em seis celas, que deveriam comportar apenas quatro presos em cada uma. Ou seja, a unidade possui 24 vagas, sendo que, onde era para ficar quatro presos, ficam amontoados 17. Não há nenhuma qualidade de vida e perspectivas de melhoras para os detentos.

Pierangeli (2006, p. 36) leciona que a LEP representa um avanço na busca da ressocialização do delinquente. Contudo, afirma que essa lei em muitos de seus pontos ainda não saiu do papel. Segundo ele, a ociosidade ocorre dentro dos estabelecimentos prisionais pois

> Os Estados não investem em programas adequados que viabilizem atividades laborativas para os detentos. Muito raramente as empresas resolvem aproveitar o trabalho dos presos. Essa atividade ainda está longe do objetivo da LEP em que só visualiza uma profissão para quando o condenado sair da prisão e assim conseguir garantir a sua própria subsistência. Com isso, alcança-se apenas uma finalidade do processo de execução que é o disciplinar, exatamente aquilo que mais interessa a administração dos estabelecimentos prisionais. Com o objetivo de assegurar essa, foi criado o RDD, porém esse instituto em muitas de suas passagens apresenta uma violação a Constituição, pois permite um tratamento cruel e desumano o que é proibido pela mesma (PIERANGELI, 2006, p. 38).

Varella (2012, p. 130) menciona que

> Jamais conheci no Sistema Penitenciário uma só pessoa que se opusesse à ideia de criar empregos nas cadeias. Do mais humilde funcionário ao presidente da República, todos concordam que trabalhar dá ao sentenciado a possibilidade de aprender uma profissão, de fazer um pecúlio para ajudar a família e facilitar a reinserção na sociedade depois de cumprir a pena, de afastá-lo dos pensamentos nefastos que a ociosidade traz, além de melhorar a autoestima, conferir dignidade e acelerar a passagem das horas. (...) A mesma sociedade que se revolta contra a vida ociosa dos prisioneiros lhes nega a oportunidade de sair da ociosidade.

Conforme o exposto, o ócio desumaniza o cumprimento da pena e destrói um de seus objetivos. Não poderia ser aceito por ninguém, muito menos pelo Ministério Público.

Portanto, para acabar com o ócio dentro das prisões nada melhor do que controlar a atividade do detento. Ademais, com a ocupação máxima do tempo, através de um trabalho prático, permite-se ao preso realizar atividades, impondo-lhe sucessivas regras de bom comportamento, que o ajudarão na sua vida fora das grades.

2.7.4 Da Baixa Remuneração

Segundo os dados trazidos pelo Departamento Penitenciário Nacional (INFOPEN 2017), em junho de 2016, 15% da população prisional estava envolvida em atividades laborais, internas e externas aos estabelecimentos penais, o que representa um total de 95.919 pessoas. É forçoso convir que tais dados demonstram um verdadeiro descaso ao direito do preso ao trabalho.

Ainda que não esteja submetido ao regime da Consolidação das Leis do Trabalho – CLT, a LEP prevê que o trabalho da pessoa privada de liberdade deverá ser remunerado e o valor não pode ser inferior a ¾ do salário mínimo. Em 2016, esse limite mínimo representava um salário mensal de R$ 660,00. Embora garantido pela LEP, o INFOPEN 2017 mostra, no entanto, que 75% da população prisional em atividade laboral não recebe remuneração ou recebe menos que 3/4 do salário mínimo mensal. Veja tabela abaixo:

Tabela 01: Remuneração recebida pelas pessoas privadas de liberdade em atividades laborais por Unidade da Federação

UF	Não recebe remuneração	Menos do que 3/4 do salário mínimo mensal	Entre 3/4 e 1 salário mínimo mensal	Entre 1 e 2 salários mínimos mensais	Mais que 2 salários mínimos mensais
AC	26%	74%	0%	0%	0%
AL	0%	0%	100%	0%	0%
AM	55%	8%	32%	5%	0%
AP	NI	NI	NI	NI	NI
BA	67%	7%	25%	0%	0%
CE	82%	15%	3%	0%	0%
DF	100%	0%	0%	0%	0%
ES	18%	12%	31%	39%	0%
GO	56%	3%	39%	1%	0%
MA	77%	10%	13%	0%	0%
MG	54%	9%	37%	0%	0%
MS	58%	3%	18%	21%	0%
MT	61%	0%	29%	11%	0%
PA	0%	87%	13%	0%	0%
PB	7%	37%	53%	2%	0%
PE	14%	4%	64%	15%	3%
PI	NI	NI	NI	NI	NI
PR	38%	40%	21%	0%	0%
RJ	NI	NI	NI	NI	NI
RN	76%	0%	24%	0%	0%
RO	37%	0%	49%	14%	0%
RR	63%	0%	38%	0%	0%
RS	62%	24%	9%	4%	1%
SC	9%	17%	61%	13%	0%
SE	78%	1%	18%	4%	0%
SP	27%	53%	18%	1%	0%
TO	25%	63%	12%	0%	0%
Brasil	33%	41%	22%	3%	0%

Fonte: Levantamento Nacional de Informações Penitenciárias - Infopen, Junho/2016.

Conforme visto, a situação no Estado do Tocantins é ainda mais preocupante. Não há nenhum preso recebendo acima de um salário mínimo.

O que mais assusta é que essa remuneração deve atender ao que preconiza o artigo 29, § 1º, da LEP, *in verbis*:

> O trabalho do preso será remunerado, mediante prévia tabela, não podendo ser inferior a 3/4 (três quartos) do salário mínimo.
>
> § 1° O produto da remuneração pelo trabalho deverá atender:

> a) à indenização dos danos causados pelo crime, desde que determinados judicialmente e não reparados por outros meios;
>
> b) à assistência à família;
>
> c) a pequenas despesas pessoais;
>
> d) ao ressarcimento ao Estado das despesas realizadas com a manutenção do condenado, em proporção a ser fixada e sem prejuízo da destinação prevista nas letras anteriores.
>
> § 2º Ressalvadas outras aplicações legais, será depositada a parte restante para constituição do pecúlio, em Caderneta de Poupança, que será entregue ao condenado quando posto em liberdade.

Ao nosso sentir, esse valor tem que ser elevado. Trabalho valorizado é trabalho bem remunerado. Rodrigo Janot, Procurador Geral da República, na ADPF que pediu aumento de salário para presos que trabalham, afirmou que

> Por tudo o que se disse e se continuará dizendo sobre a importância do trabalho como respeito à dignidade do preso e ao êxito da recuperação do infrator, não vemos motivos plausíveis para que o condenado seja remunerado com um estipêndio menor ao colocado como mínimo em todo o território nacional.

Combatendo o ócio, diminuiremos os índices de reincidência, pois quando o detento trabalha e estuda, tendo seu tempo ocupado por diversas atividades, as chances de voltar ao crime diminuem em até 39%.

Triste é saber que a maioria dos estabelecimentos prisionais não contam com oficinas de trabalho, sendo que para combater a ociosidade oferecem trabalho que não tem qualquer qualificação técnica, como é o caso do artesanato que pode ser classificado como atividade recreativa, mas não como trabalho propriamente dito.

2.7.5 Assistência Médica

Previsto no artigo 14 da lei de execução penal, a assistência à saúde da pessoa privada de liberdade compreenderá atendimento médico, farmacêutico e odontológico.

Quando não for possível o estabelecimento penal ser aparelhado para prover a assistência médica necessária, esta será prestada em outro local, mediante autorização da direção do estabelecimento.

Na teoria a lei é ótima, porém na prática vive um caos. Se nem o cidadão livre tem acesso a políticas públicas de saúde, o que dizer do preso? Ademais, os fatores são ainda mais agravados pela má-alimentação, sedentarismo, o uso de drogas, a falta de higiene. Todo o ambiente prisional faz com que o preso que ali adentrou com saúde, de lá não saia sem ser acometido de uma doença. Portanto, apesar do direito a saúde estar prevista de forma impecável dentro do ordenamento legal, na prática, se torna apenas outro trágico problema que atinge o sistema prisional brasileiro.

Ferreira (1997, p.12) assevera que o ambiente carcerário é, na verdade, a grande arena onde são vivenciadas as cenas mais aviltantes e grotescas, tendo como protagonista um ser humano segregado provisoriamente do convívio social, que trouxe do submundo do crime, como uma herança, uma estranha cultura que será implantada em seu novo habitat. (...) A privação da liberdade neste ambiente revoltoso gera inclusive mudança de personalidade.

Por sua vez, Fernandes (2000, p. 210) informa que as populações carcerárias em toda parte tendem a requerer mais assistência médica do que a população como um todo. Não apenas os presídios mantêm uma grande proporção de pessoas com maior risco de adoecer, como usuários de drogas injetáveis, mas também o próprio ambiente prisional contribui para a proliferação de doenças.

A doença que mais afeta os presos é a AIDS, acompanhado de perto pela tuberculose. Além da superpopulação da cadeia que aumenta o número de doenças como escabiose, gripe, etc., em sua grande maioria a cadeia é escura e úmida, o que aumenta os casos de bronquite e outras doenças pulmonares e dermatológicas de difícil controle em um local tão insalubre. Devido à prisionalização, essas doenças atingem também os agentes penitenciários. A CPI aprovada pelo requerimento 775/95 cuja finalidade consistia em investigar e propor solução no que concerne aos estabelecimentos prisionais, em seu Relatório publicado em 24/06/1997, advertiu que

> Faltam médicos e enfermeiros nos presídios. Também há falta de remédios, inclusive medicamentos básicos como analgésicos. Essa precariedade tem feito as doenças se proliferarem, como por exemplo, a Tuberculose e a AIDS, em detrimento dos detentos, funcionários e da própria população. Por isso, podemos considerar os presídios como incubadoras de doenças.

Apesar dos vários problemas no que concerne à saúde dos presos, em 2014, houve um grande avanço, pois foi instituída a Política Nacional de Atenção Integral à Saúde das Pessoas Privadas de Liberdade no Sistema Prisional. Os presos foram formalmente incluídos no Sistema Único de Saúde.

Já em 2016, o Conselho Nacional de Justiça (CNJ) criou o programa *Saúde Prisional*, com o objetivo de garantir um padrão sanitário e de assistência social mínimo às pessoas em situação de privação de liberdade, assegurando-lhes o acesso universal às ações de assistência básica à saúde. De acordo com o presidente do CNJ e do Supremo Tribunal Federal (STF), ministro Ricardo Lewandowski, o programa *Saúde Prisional* volta-se não apenas para a saúde dos presos, mas também de seus familiares e de toda a comunidade carcerária, inclusive os agentes penitenciários e suas famílias. "Em um sistema superlotado com 600 mil pessoas, é claro que a higidez física é extremamente precária e a situação de saúde é calamitosa, com elevados índices de tuberculose, Aids e doenças sexualmente transmissíveis que acabam refletindo na própria sociedade em função de visitas intimas de familiares", diz o presidente do CNJ. O ministro Lewandowski ressaltou que o programa pertence à série de ações iniciadas em sua gestão com objetivo de combater o estado inconstitucional de coisas do sistema prisional brasileiro, como as Audiências de Custódia, o Cidadania nos Presídios e o Sistema Eletrônico de Execução Unificada (SEEU). (http://www.cnj.jus.br/noticias/cnj/82726-cnj-lanca-saude-prisional-para-garantir-assistencia-basica-as-pessoas-presas)

Uma das mais importantes medidas é a definição de protocolos para a entrada (triagem e acolhimento), o cuidado e a saída (desinstitucionalização) de qualquer pessoa no ambiente prisional, mediante avaliação de sua condição de saúde, como forma de garantir os encaminhamentos devidos em cada caso. Com isso, desde o início da sentença judicial, o preso deve passar necessariamente pelo acolhimento de saúde, onde serão realizados exames para saber se há algum tipo de doença e saber se houve um agravo dessa doença por ocasião da sua liberdade.

2.7.6 Maus Tratos e Tortura

Há tempos que a tortura foi abolida do nosso ordenamento jurídico, porém na prática ela ainda ocorre no interior de nossas prisões.

Para melhor entender o que vem a ser tortura, no artigo 1° da Convenção Contra a Tortura e Outros Tratamentos ou Penas Cruéis, Desumanos ou Degradantes das Organizações das Nações Unidas, realizada em 1991, tem-se que:

> 1° Para fins da presente Convenção, o termo "tortura" designa qualquer ato pelo qual dores ou sofrimentos agudos, físicos ou mentais, são infligidos intencionalmente a uma pessoa a fim de obter, dela ou de terceira pessoa, informações ou confissões; de castigá-la por ato que ela ou terceira pessoa tenha cometido ou suspeita de ter cometido; de intimidar ou coagir essa pessoa ou outras pessoas; ou por motivo baseado em discriminação de qualquer natureza (...).

No artigo 2° da Convenção Internacional para Prevenir e Punir a Tortura, realizada em 1985, há uma outra definição para tortura:

> 2° Para os efeitos desta Convenção, estender-se-á por tortura todo ato pelo qual são infligidos intencionalmente a uma pessoa penas ou sofrimentos físicos ou mentais, com fins de investigação criminal, como meio de intimidação, como castigo pessoal, como medida preventiva, como pena ou qualquer outro fim. Entender-se-á também como tortura a aplicação, sobre uma pessoa, de métodos tendentes a anular a personalidade da vítima, ou a diminuir sua capacidade física ou mental, embora não causem dor física ou angústia psíquica. (...)

O que se observa é que os presos estão sendo torturados diariamente nos presídios e delegacias, sendo que maioria das vezes o torturador não é punido. Para combater essa impunidade, as violações de direitos humanos cometidos por policiais militares contra civis deveriam ser investigados por um tribunal criminal em todos os estágios do processo criminal em vez de tribunais militares.

As ações praticadas pelos torturadores são chutes, tapas, sufocamento, choques elétricos, uso de spray de pimenta, uso de gás lacrimogêneo, bombas de ruído e balas de borracha, além de abuso verbal e ameaças. O mais assustador é que os presos evitam falar dessa cultura de maus tratos para evitarem o pior.

Para coibir a prática de maus tratos e a tortura foi criada pelo CNJ as Audiências de Custódia. As audiências de custódia possibilitam a apresentação de um preso a um juiz, na presença de representantes do Ministério Público e de um defensor público ou privado, após a prisão em flagrante, para que seja avaliada a legalidade e a pertinência da manutenção dessa prisão ou aplicação de medidas como fixação de fiança, encaminhamento para tratamento (no caso de dependentes químicos, por exemplo) e determinação de uso de tornozeleira eletrônica.

2.7.7 Facções Criminosas

Para entender o que são as facções criminosas é necessário primeiramente que se entenda o que é crime organizado, já que a primeira é espécie da segunda.

Não há consenso doutrinário sobre o conceito mais adequado para o crime organizado, pois este possui incrível poder variante em sua estrutura, podendo mudar-se e adaptar-se de acordo com a realidade vigente de um país ou de uma região, sofrendo influências de fatores como condições políticas, econômicas, sociais, atuação da polícia entre outros fatores. O que é possível fazer é uma compilação do que se entende por crime organizado.

Nas palavras de Capez (2014, p.168), baseado Convenção de Palermo, que foi uma Convenção das Nações Unidas contra o Crime Organizado Transnacional, realizada em Palermo, na Itália, em 15 de dezembro de 2000, o crime organizado pode ser definido como um "grupo estruturado de três ou mais pessoas, existente há algum tempo e atuando concertadamente com o fim de cometer infrações graves, com a intenção de obter benefício econômico ou moral". Essa Convenção de Palermo foi ratificada pelo Decreto Legislativo n. 231, publicado em 30 de maio de 2003, passando a integrar nosso ordenamento jurídico.

No Brasil, a Lei do Crime Organizado (Lei n. 12.850), conceitua organização criminosa como a associação de 4 (quatro) ou mais pessoas estruturalmente ordenada e caracterizada pela divisão de tarefas, ainda que informalmente, com objetivo de obter, direta ou indiretamente, vantagem de qualquer natureza, mediante a prática de infrações penais cujas penas máximas sejam superiores a 4 (quatro) anos, ou que sejam de caráter transnacional.

O crime organizado não ocorre de qualquer maneira. Tem todo um trabalho logístico e de inteligência por trás de toda ação. Sua atuação principal, envolve tráfico de entorpecentes, tráfico de armas, crimes contra o sistema financeiro nacional, atingindo de forma quase imediata a estrutura do Estado.

Para muitos estudiosos, o crime organizado surgiu no Brasil entre as décadas de 70 e 80 do século passado, devido à troca de experiências que ocorreu nos presídios cariocas entre criminosos comuns e políticos, apesar de haver autores para quem a prática do jogo do bicho foi considerada a primeira infração penal organizada no país.

Com a convivência com os políticos, os presos comuns passaram a ter um método organizacional, sendo que dessa comunhão os presos comuns traficavam drogas e os presos políticos traficavam papéis e informações.

Para Amorim (1993, p. 31) a experiência da luta armada foi mesmo transferida aos bandidos comuns lentamente, no convívio eventual dentro das cadeias, tanto na Ilha Grande quanto no Complexo Penitenciário da Frei Caneca. Mas foi na Ilha que esta relação se tornou mais produtiva para o criminoso comum. Lá estavam representantes do Movimento Revolucionário 8 de outubro (MR-8), da Aliança Libertadora Nacional (ALN ou ALINA), da Vanguarda Popular Revolucionária (VPR) e da VAR-Palmares. Esses tinham para contar operações complexas, que envolviam estruturas intricadas e muitos recursos: os sequestros de diplomatas e os assaltos a residências milionárias.

Daí em diante surgiram no país duas facções criminosas: o Comando Vermelho e o Primeiro Comando da Capital, sendo que o Comando Vermelho foi fundado no Instituto Penal Cândido Mendes, em 1979 e Primeiro Comando da Capital (PCC), foi fundado em 1993 no *Piranhão*, como é conhecido o presídio de Segurança Máxima de Taubaté.

Uma das medidas que mais fizeram crescer o crime organizado partiu do próprio governo. Com o crescimento do CV e do PCC, as autoridades começaram a *exportar* presos de alta periculosidade para outras penitenciárias, algumas delas fora do Estado de origem. Com isso, os presos que foram encaminhados para outros Estados da federação, ao se verem livres, criaram células do crime organizado, sendo que a partir deste momento as facções criminosas começaram a se proliferar por todo o sistema prisional brasileiro.

O preso comum acaba sendo alvo de duas espécies de violência: a praticada pelo Estado e pelas facções criminosas. Para sobreviver num ambiente tão hostil acabam sendo *batizados* nas facções, o que lhes garante, pelo menos momentaneamente menos sofrimentos físico e psicológico. Na verdade, o preso comum se vê na necessidade de se aliar a umas das diversas facções existentes nas prisões, muitas vezes não por escolha própria, mas como meio de sobrevivência dentro de um sistema corrupto e falido.

2.7.8 Falta de Trabalho

Vários estudiosos debruçam sobre o tema do trabalho do preso, confrontando especialmente com seu sucesso na ressocialização do sentenciado.

A evolução tecnológica acaba sendo um entrave em relação aos egressos do sistema prisional, pois estes não têm nenhuma condição de competir nesse mercado de trabalho. Segundo Mello (2010, p. 89)

> As mutações no mundo do trabalho e o avanço tecnológico têm, de um lado, beneficiado um número cada vez menor de trabalhadores e do outro, têm gerado cada vez mais o afastamento da mão de obra do mercado de trabalho, alimentando os índices de desemprego. Logo, no momento que falta o trabalho, meio lícito de prover o seu sustento e o de sua família, o mundo do crime se apresenta diante desse indivíduo, que encontra nesse mundo alternativas ilícitas para sustentar a si e à sua família.

Há várias outras questões polêmicas que serão estudadas na segunda parte desta obra.

2.8 Conclusão

Quando se criou a pena de prisão o objetivo principal foi a ressocialização do preso para que ele fosse reinserido na sociedade, porém na atual conjuntura política é praticamente impossível pensar em políticas de ressocialização. O Estado está falido e a falta de ocupação para os nossos jovens levam os mesmos a delinquir.

Nossos políticos não sabem o que fazer para combater o crime e, ainda por cima, estamos vivenciando em nossa sociedade momentos de profundas mudanças, onde algumas autoridades acreditam que vão diminuir a violência colocando armas nas mãos da população. Inexoravelmente mais armas traduz em mais violência. Com tantos problemas vivenciados no sistema prisional, o crime organizado encontra cada vez mais espaço para se fortalecer. Todos nós sabemos que é do interior das prisões que o crime se organiza e tem planejado e executado a venda e distribuição de drogas. E as drogas são o grande mal de nossa sociedade!

A solução para os problemas perpassa pela sociedade. Assim como na época da escravatura, estamos criando grandes contingentes de seres humanos sem quaisquer perspectivas. A ressocialização falhou, não havendo nenhuma esperança para o detento. Não adianta tratar o preso apenas como estatística, pois atrás dos números há familiares, parentes e amigos que sofrem na própria pele os problemas vividos pelos presos.

Outro detalhe digno de nota: para resolvermos o grave problema da superlotação e da prisionalização, devem ser aplicadas medidas alternativas à prisão já existentes em nosso ordenamento jurídico. Encarcerar pessoas pela prática de crimes menos graves, tem como resultado a formação de verdadeiros criminosos, pois para que sobrevivam dentro de um sistema corrupto e falido necessário se faz a prática de mais violência! Mais do que exceção, a prisão virou regra, sendo que jovens são os mais aprisionados dessa forma.

O Estado não vai encontrar sozinho as soluções que o sistema prisional necessita. O sistema penitenciário é muito caro e não ressocializa o preso. Se o objetivo primordial da ressocialização é preparar o detento para o seu retorno à sociedade, então nada mais correto que houvesse uma maior participação da sociedade, pois de nada adiantará oferecer tratamento humanizado ao preso no interior das prisões, se ao retornar para a vida em comunidade o mesmo acaba sendo segregado e marginalizado pela própria sociedade, não lhes fornecendo condições mínimas para viver fora das grades.

3

TRABALHO PRISIONAL: ESVAZIAMENTO DAS TEORIAS SOBRE A RESSOCIALIZAÇÃO

A primeira parte deste estudo teve como escopo buscar analisar um importante universo teórico, tendo sido tecidas diversas considerações sobre a pena e a evolução da prisão ao longo dos anos. Nesta segunda parte faremos um estudo sobre o trabalho realizado dentro da prisão, onde serão demonstradas várias lacunas, fazendo com que ocorra, na prática, o esvaziamento das teorias sobre a ressocialização.

Todos os que militam na seara jurídica sabem que a evolução histórica do trabalho dentro do ambiente prisional está inter-relacionado com a origem e a evolução da pena de prisão ao longo dos anos. Segundo Diaz (1999, p. 89)

> É sabido como o problema dos fins [...] da pena criminal é tão velho quanto a própria história do direito penal [...]. A razão de um tal interesse e da sua persistência ao longo do tempo está em que, à sombra do problema dos fins das penas, é no fundo toda a teoria do direito penal que se discute e, com particular incidência, as questões fulcrais da legitimação, fundamentação, justificação e função da intervenção penal estatal. Por isso se pode dizer, sem exagero, que a questão dos fins da pena constitui, no fundo, a questão do destino do direito penal.

Para a doutrina majoritária, a pena é uma consequência da ação delituosa, no que se refere ao aspecto jurídico. A todo aquele que pratica, por ação ou omissão, um fato típico, ilícito e culpável, é imposta uma pena pelo Estado.

As finalidades da pena privativa de liberdade evoluíram ao longo do tempo, sendo que o enfoque atual é no sentido de que o preso se recupere. Nos últimos dois séculos chegou-se à conclusão que a pena privativa de liberdade faliu, sendo que, ao invés de recuperar o preso, acaba por enaltecer os seus valores negativos.

Com a humanização das penas, o trabalho teve lugar de destaque, pois é uma das mais importantes soluções que, ao mesmo tempo que o dignifica, o ressocializa. Infelizmente a sociedade ainda não percebeu a importância deste instituto para o direito processual penal e execução penal.

O grande mal que assola nossa sociedade é a reincidência, ocasionada principalmente pelo preconceito, pela exclusão social, pelo despreparo educacional e profissional e pela falta de oportunidades de trabalho. Isto se deve ao fato de que os egressos do sistema prisional não estão saindo ressocializados.

A Lei de Execução Penal prevê expressamente o trabalho carcerário no capítulo III. Nesse capítulo é disciplinado tanto o trabalho interno como o externo e aplica-se a quase todos os tipos de regime das penas privativas de liberdade, quais sejam, regime fechado, semiaberto ou aberto.

O trabalho também está disciplinado no Código Penal. Conforme dispõe o seu artigo 34, no regime fechado o apenado fica submetido à total reclusão, para fins de execução da pena. Nestes casos, ele pode trabalhar durante o dia, mas fica isolado durante o repouso noturno. O trabalho deve ser realizado dentro do estabelecimento prisional, conforme suas aptidões, porém permite-se, excepcionalmente, que o trabalho ocorra em serviços ou obras públicas fora do presídio, realizados por órgãos da Administração direta ou indireta. Tal direito é devido até mesmo em caso de condenação por crime hediondo.

Não há impedimento para que o condenado por crime hediondo exerça atividade laboral externa, quando presentes as condições permissivas do trabalho extramuros. O condenado por crime hediondo, por força do artigo 6º da Constituição da República, do artigo 34, parágrafo

3º, do Código Penal e do artigo 36 da LEP, pode exercer trabalho externo, não havendo qualquer incompatibilidade desses dispositivos com o artigo 2º, parágrafo 1º, da Lei 8.072/90.

Consta no acórdão do julgamento do HC 35.004, julgado pelo STJ que

> Toda a legislação pertinente não só obriga o condenado ao trabalho, mas, acima de tudo, garante-lhe o direito a trabalhar, como forma mesma de promover a cidadania e a sua ressocialização, objetivo precípuo da pena na moderna concepção de Estado democrático de direito.

O detento também pode prestar serviço em atividades privadas. O artigo 37 da LEP estabelece a necessidade de cumprimento de um sexto da pena como critério objetivo para a concessão do benefício do trabalho fora do presídio. O STJ, no entanto, entende que, independentemente do cumprimento de um sexto da pena, presentes as condições pessoais favoráveis, deve ser concedida, ao condenado em regime semiaberto, a autorização para o trabalho externo.

O artigo 36 da LEP estabelece ainda que

> O trabalho externo será admissível para os presos em regime fechado somente em serviço ou obras públicas realizadas por órgãos da administração direta ou indireta, ou entidades privadas, desde que tomadas as cautelas contra a fuga e em favor da disciplina.

Na prática, há pouquíssimas hipóteses de trabalho externo. As empresas não costumam procurar por esse tipo de mão de obra em razão do cuidado e zelo que terão de ter para manter a disciplina dos detentos. Ademais, muitas empresas não têm quaisquer condições de tomarem alguma medida contra a fuga.

No regime semiaberto, o preso pode ficar sujeito ao trabalho em comum durante o dia, podendo frequentar cursos profissionalizantes, de segundo grau ou superior. O artigo 126 da LEP garante a possibilidade do preso do regime semiaberto exercer atividade laboral e gozar do benefício da remição da pena, nos termos preconizados pelo dispositivo legal referido. Neste tipo de regime não há mais o isolamento noturno, além do que se admite o trabalho externo, desde que haja merecimento do condenado. Regulado pelo artigo 35 do CP, este tipo de regime deve ser cumprido em colônia penal, agrícola ou industrial, ou estabelecimento similar.

Por fim, no regime aberto, o detento deve se recolher durante o repouso noturno, à casa do Albergado ou estabelecimento similar, sem os rigores do regime fechado; deve desenvolver também atividades laborativas externas durante o dia, assim como um trabalhador livre, desde que autorizado, porém fora do estabelecimento prisional e sem vigilância, motivo pelo qual não se aplica os benefícios do trabalho prisional, como a remição da pena. Isto porque o regime aberto é baseado na autodisciplina e no senso de responsabilidade do condenado, conforme preconiza o artigo 36 do CP.

Segundo Marcão (2009, p. 29-30), para que o detento tenha direito ao trabalho externo o mesmo deve preencher alguns requisitos, presentes no artigo 37 da LEP, quais sejam, a aptidão, disciplina, responsabilidade e cumprimento mínimo de 1/6 da pena. A aptidão, disciplina e responsabilidade compõem o requisito subjetivo. Já o cumprimento de 1/6 da pena é o requisito objetivo. A súmula 40 do Superior Tribunal de Justiça afirma que "para obtenção dos benefícios de saída temporária e trabalho externo, considera-se o tempo de cumprimento da pena no regime fechado."

Não há que se falar em ressocialização sem a presença do trabalho. Entretanto, a autorização deve preencher os requisitos do artigo 37 da LEP.

3.1 A evolução do trabalho prisional e sua natureza jurídica

Conforme já visto, o trabalho já passa a fazer parte do sistema prisional a partir de meados do século XVI. As penas principais ainda eram a morte e a mutilação, sendo que o trabalho era ainda incipiente, além de ser totalmente cruel e desumano. Com as grandes navegações e o surgimento da extração de vários minerais, dentre eles o ouro, os presos passam a ser utilizados nas galés e nas minas.

Do século XVI até o final do século XIX, o trabalho do preso era visto apenas como forma de deixar a pena mais cruel, sendo que o detento não possuía nenhum direito, além de ser obrigado a trabalhar em serviços aviltantes e insalubres. Interessante observar que já no final do século XIX começam a surgir os direitos sociais, sendo que o Estado passa a ter uma atuação positiva em relação ao cidadão. Entretanto, esses direitos não são aplicados aos presos, pois os mesmos não eram reconhecidos pela sociedade como cidadãos.

Inicialmente, o trabalho tinha o objetivo de regeneração do preso. Sua finalidade era apenas afastar o detento do pecado. Posteriormente, passou o trabalho a ser tratado como punição. Se o preso cometeu o crime, ele deve pagar o crime praticado através do trabalho. Na maioria das vezes, esse trabalho era cruel ou degradante. Nos dias atuais, o trabalho do preso tem por finalidade uma atividade ressociliadora. Para Lemos, Mazzilli e Klering (1998, p. 146) o trabalho, além de ressocializante, é um fator de equilíbrio, pois

> Por meio dele os indivíduos garantem equilíbrio e melhor condicionamento psicológico, bem como melhor comprometimento social. Portanto o trabalho assume importância capital, na construção da identidade, e, ainda, é por ele que os indivíduos conseguem dar vazão a sua epistemofilia no traçar a sua história afetiva.

A Lei de Execução Penal elenca expressamente em seu § 2º do artigo 28, que as relações de trabalho dos presos não estão sujeitas ao regime da Consolidação das Leis do Trabalho.

O § 2º do artigo 28 da LEP exclui da proteção celetista o trabalho do preso, configurando, a toda prova, um tratamento desigual face os demais trabalhadores. Não à toa que Mello (2013, p. 10), acerca da igualdade perante a lei, nos ensina que:

> A lei não deve ser fonte de privilégios ou perseguições, mas ins-

> trumento regulador da vida social que necessita tratar equitativamente todos os cidadãos. Este é o conteúdo político-ideológico absorvido pelo princípio da isonomia e juridicizado pelos textos constitucionais em geral, ou de todo modo assimilado pelos sistemas normativos vigentes.
>
> Em suma: dúvida não padece que, ao se cumprir uma lei, todos os abrangidos por ela hão de receber tratamento parificado, sendo certo, ainda, que ao próprio ditame legal é interdito deferir disciplinas diversas para situações equivalentes.

De um modo geral a natureza jurídica do trabalho prestado pelos presos se resume a mera prestação de serviços a terceiros, devendo ser remunerado de forma equitativa. Trata-se, portanto, de mera relação de trabalho. No nosso entender, desde que prestado a empresa, pouco importa que o prestador seja um presidiário, no cumprimento da pena – o seu trabalho se equipara ao de qualquer trabalhador livre, com direito a todos os benefícios legais.

E isso só ocorre na medida em que ao preso sejam concedidos os mesmos direitos dos demais trabalhadores. Se o preso, através do trabalho, está pronto para ser reinserido no seio da sociedade, ao mesmo deve ser conferidos os direitos que todos os outros membros da sociedade possuem.

É por isso que o artigo 38 do CP preceitua que "o preso conserva todos os direitos não atingidos pela perda da liberdade". Esta é a razão de ser deste trabalho: o trabalho, para que seja ressocializador, deve ter caráter ressocializante, capaz de valorizar o preso, não deixando que sua dignidade humana seja prejudicada.

Seja no sistema prisional, seja no seio da sociedade, o trabalho é a melhor forma de ocupar o tempo ocioso, sendo bastante conhecido o adágio popular que diz: *o trabalho dignifica o homem*!

3.2 O efeito ressocializador do trabalho

No sistema prisional, o trabalho é um meio de ressocialização que ajuda a reduzir os efeitos da prisão. É por isso que a Lei de Execução Penal, em seu artigo 28, estabelece que o trabalho do condenado é um dever social e condição de dignidade humana que terá finalidade educativa e produtiva. Baseado nisso, o trabalho do preso não pode ser forçado.

Portanto, apesar de o trabalho ser obrigatório, não é forçado, já que o apenado pode optar por não trabalhar, se esta for a sua vontade. O único revés que vai sofrer é que seu tempo não será remido, porém não poderá sofrer nenhuma penalidade, trabalhando se assim o desejar.

Outra será a situação se o Estado não lhe proporcionar trabalho, pois é obrigatório fornecer ao apenado condições de trabalho ao preso, a fim de que ele possa remir parte da sua pena.

A Convenção nº 29 da OIT foi aprovada na 14ª reunião da Conferência Internacional do Trabalho, em Genebra, e entrou em vigor no plano internacional em maio de 1930, porém apenas foi ratificada pelo Brasil em 1957. Todos os países que ratificaram a referida Convenção se comprometeram a abolir todas as formas de trabalho forçado ou obrigatório, salvo as hipóteses previstas pela própria Convenção. O seu artigo 2º define trabalho forçado ou obrigatório como todo trabalho ou serviço exigido de uma pessoa sob ameaça de sanção e para o qual não se tenha oferecido espontaneamente. Ou seja, é aquele trabalho exigido do cidadão sem que haja o elemento volitivo. Além disso, não se pode permitir, em nenhuma hipótese, o trabalho forçado ou obrigatório em benefício de particulares.

Da mesma forma, no Pacto de São José da Costa Rica, ratificado pelo Brasil em 1992, consta em seu artigo 6º que

> Artigo 6º - Proibição da escravidão e da servidão
>
> 1. Ninguém poderá ser submetido a escravidão ou servidão e tanto estas como o tráfico de escravos e o tráfico de mulheres são proibidos em todas as suas formas.
>
> 2. Ninguém deve ser constrangido a executar trabalho forçado ou

> obrigatório. Nos países em que se prescreve, para certos delitos, pena privativa de liberdade acompanhada de trabalhos forçados, esta disposição não pode ser interpretada no sentido de proibir o cumprimento da dita pena, imposta por um juiz ou tribunal competente. O trabalho forçado não deve afetar a dignidade, nem a capacidade física e intelectual do recluso.
>
> 3. Não constituem trabalhos forçados ou obrigatórios para os efeitos deste artigo:
>
> 4. Os trabalhos ou serviços normalmente exigidos de pessoa reclusa em cumprimento de sentença ou resolução formal expedida pela autoridade judiciária competente. Tais trabalhos ou serviços devem ser executados sob a vigilância e controle das autoridades públicas, e os indivíduos que os executarem não devem ser postos à disposição de particulares, companhias ou pessoas jurídicas de caráter privado; (...)

O referido Pacto prevê a proibição de trabalho escravo e da servidão. O mesmo deixa claro que o trabalho do preso não pode ser escravo ou degradante, exaltando a condição humana do preso e a necessidade de resguardar a sua dignidade. (NICOLI, 2008)

Há diferenças entre o trabalho escravo e o trabalho degradante? A resposta é afirmativa. No trabalho escravo não há a expressão da vontade do trabalhador. É caracterizado pelo cerceamento à liberdade e pela coação moral, econômica ou física. Segundo Alvim e Paduani (2002, p. 58) é considerado crime, pelo disposto do artigo 197, CP.

Já o trabalho degradante ocorre quando o indivíduo, apesar de manifestar a vontade de aceitar o trabalho, é submetido a condições subumanas, jornadas extremamente excessivas, ambientes insalubres, não havendo nenhum respeito à sua dignidade como ser humano.

A Declaração Universal dos Direitos do Homem e do Cidadão, proclamada em 1789, imbuída dos ideais iluministas da Revolução Francesa, preconiza que todos os homens são iguais perante a lei, tendo os mesmos direitos e deveres. Em seu artigo 23 é capitulado que

> Toda a pessoa tem direito ao trabalho, à livre escolha do trabalho, a condições equitativas e satisfatórias de trabalho e à proteção contra o desemprego.
>
> Todos têm direito, sem discriminação alguma, a salário igual por trabalho igual.
>
> Quem trabalha tem direito a uma remuneração equitativa e satisfatória, que lhe permita e à sua família uma existência conforme com a dignidade humana, e completada, se possível, por todos os outros meios de proteção social.
>
> Toda a pessoa tem o direito de fundar com outras pessoas sindicatos e de se filiar em sindicatos para defesa dos seus interesses.

A Declaração Universal dos Direitos do Homem e do Cidadão foi tão importante que serviu de inspiração para a Declaração Universal dos Direitos Humanos da ONU, que mais uma vez consagra a igualdade entre os homens e a dignidade da pessoa humana.

Portanto, das linhas acima se extrai que o trabalho do preso é modalidade de trabalho subjetivo. Ou seja, não constitui trabalho forçado ou obrigatório, logo, o preso pode exercê-lo ou não. Nestes termos, tem previsão na Convenção nº 29 da OIT, no Pacto de São José da Costa Rica, na Declaração Universal dos Direitos do Homem e do cidadão, e na Declaração Universal do Direitos Humanos da ONU.

No Brasil é adotado o Estado Democrático de Direito, onde são aplicados os princípios previstos nas declarações supracitadas, sendo que o princípio da dignidade da pessoa humana é o primeiro a ser analisado, tendo em vista sua suprema importância no ordenamento jurídico brasileiro, principalmente após o advento da Constituição Federal de 1988.

Tal importância é tamanha que o referido princípio inaugura a ordem constitucional brasileira, onde em seu artigo 1º, determina o seguinte:

> artigo 1º A República Federativa do Brasil, formada pela união indissolúvel dos Estados e Municípios e do Distrito Federal, constitui-se em Estado Democrático de Direito e tem como fundamentos:
>
> I – a soberania;
>
> II – a cidadania;
>
> III – a dignidade da pessoa humana;
>
> [...]

Já no seu artigo 5º, são tratados os direitos e garantias fundamentais, sendo que no inciso XLI, o texto constitucional afirma que a lei punirá qualquer discriminação atentatória dos direitos e liberdades fundamentais. Dispõe ainda, no seu inciso XLIX, que é assegurado aos presos o respeito à integridade física e moral. Como se não bastasse, proclama nos seus arts. 6º e 7º, que tratam dos direitos sociais, o direito de todo homem ao trabalho e sob garantias mínimas de exercê-lo.

Observa uma interligação entre os princípios, sendo que o princípio da dignidade da pessoa humana é considerado um sobre princípio. NUNES (2002. p. 46.) entende que a dignidade é garantida por um princípio. Logo, é absoluta, plena, não pode sofrer arranhões nem ser vítima de argumentos que a coloquem num relativismo.

Com a sua concepção, a pessoa nasce digna de respeito e deve o mesmo apreço aos outros com quem se relaciona. E não há como desvincular a dignidade humana do trabalho. É por meio dele que os seres humanos colhem frutos para poder gozar de sua existência de forma saudável, com alimentação, saúde e educação garantidas. Se antes o trabalho era visto com desgosto, devido a nosso passado escravagista, hoje é visto como forma de dignificação do homem. É por isso que as relações de trabalho também são objetos de proteção pelo Estado.

3.3 Trabalho: direito e dever do preso

No nosso ordenamento jurídico, o trabalho prisional constitui um direito e um dever do condenado. Isto também ocorre na grande parte dos ordenamentos jurídicos do mundo atual. A CF/88 tem como um de seus fundamentos o valor social do trabalho (artigo 1, IV, da CF/88). Já em seu inciso III, do mesmo artigo, é consagrado o sobreprincípio da dignidade da pessoa humana como um dos fundamentos da República, colocando o homem como centro de convergência da ordem normativa. Isto faz do trabalho e da dignidade humana uma via de mão dupla, não havendo que se falar em trabalho sem dignidade e muito menos dignidade sem trabalho.

3.4 O trabalho obrigatório

A LEP, em seu artigo 31 preconiza que:

> artigo 31. O condenado à pena privativa de liberdade está obrigado ao trabalho na medida de suas aptidões e capacidade.
>
> Parágrafo único. Para o preso provisório, o trabalho não é obrigatório e só poderá ser executado no interior do estabelecimento.

Portanto, o trabalho é obrigatório para os presos condenados em definitivo à pena privativa de liberdade, sendo que aos presos provisórios não é obrigatório. Presos provisórios são aqueles que ainda não tiverem a condenação transitada em julgado.

No artigo que trata dos direitos e garantias individuais (5º), consta no inciso XLVII, alínea "c", que a pena de trabalhos forçados é vedada. Para aqueles que não estão familiarizados com questões envolvendo execução penal, quando se discute a questão do trabalho do preso, surgem confusões. Isto ocorre a legislação penal prevê que o trabalho do condenado é obrigatório, sendo, inclusive, considerado um dever social. Em contraposição, conforme já visto, veda a imposição de pena de trabalhos forçados.

Diante da interpretação do dispositivo infraconstitucional à luz da Carta Magna, que determina que não haverá pena de trabalhos forçados, há uma tendência de entender a Lei de Execução Penal como inconstitucional, porém a despeito do trabalho ser obrigatório, hoje, ele é um direito-dever do apenado e será sempre remunerado, consoante intelecção do artigo 29 da LEP. Além disso, "o condenado que cumpre a pena em regime fechado ou semiaberto poderá remir, pelo trabalho, parte do tempo da execução da pena". (artigo 126, § 1º da Lei de Execução Penal).

Nucci (2012, p.1007) trata da constitucionalidade da obrigatoriedade do trabalho do preso:

> O principal é a obrigação de trabalhar, que funciona primordialmente como fator de recuperação, disciplina e aprendizado para a futura vida em liberdade. Não se cuida de trabalho forçado, o que é constitucionalmente vedado, mas de trabalho obrigatório. Se o preso recusar a atividade que lhe foi destinada, cometerá falta grave (artigo 50, VI, LEP)

Avena (2014, p. 51) tem o mesmo entendimento:

> Como já dissemos, a LEP contempla no trabalho do preso um direito (artigo 41, II) e também um dever (artigo 39, V). Logo, é obrigatório, de acordo com as suas aptidões e capacidade (artigo 31). Muito embora o segregado não possa ser forçado a sua execução, a recusa importa no cometimento de falta grave (artigo 50, VI), sujeitando-o às sanções disciplinares previstas em lei. Ressalva, porém, existe em relação ao condenado pro crime político, que, nos termos do artigo 200 da LEP, não está obrigado a trabalhar.

Em sentido contrário, entendemos que, apesar de ser obrigatório, se o detento não quiser trabalhar, não será forçado e não poderá sofrer qualquer penalidade em relação a isso. Logicamente, perderá a oportunidade de ter os seus dias remidos, sendo que o preso que trabalhou, obrigatoriamente receberá um prêmio pelos dias trabalhados.

Como o trabalho é direito e dever do preso, o Estado deve, de forma obrigatória, fornecer ao apenado condições de trabalho, a fim de que ele possa remir parte da sua pena. Ora, ao Estado incumbe o dever de dar trabalho ao condenado em cumprimento de pena de liberdade, ou àquele a quem se impôs medida de segurança definitiva. É direito do preso a atribuição de trabalho e sua remuneração, consoante artigo artigo 41, II, da LEP. Todavia, sob nenhuma hipótese, ele é forçado a trabalhar contra a sua vontade.

O que ocorre em relação aos condenados que desejam trabalhar, mas não o fazem devido ao fato de o Estado não fornecer as condições adequadas para tanto? Resposta simples: a todos eles deverá ser deferida a remição, pois eles não podem ser prejudicados pela inércia do Estado. Para Alvim (1991, p. 86), como o trabalho é um direito subjetivo do preso em face do Poder Público, os estabelecimentos penais e as cadeias deverão ser providas de recursos materiais e humanos suficientes para ofertar trabalho digno a todos os encarcerados.

O artigo 33 da LEP dispõe que a jornada normal de trabalho do condenado não será inferior a seis nem superior a oito horas, com descanso aos domingos e feriados. Segundo Alvim (1991, p. 82), a doutrina e a jurisprudência interpretam tal artigo no sentido de excluir a compensação das horas trabalhadas em jornada inferior a seis horas, o trabalho executado nos dias de guarda e as horas extras, para fins remicionais. Alguns autores fazem uma interpretação literal do dispositivo. Segundo eles, se as horas diárias trabalhadas não atingirem o mínimo exigido em lei, não serão computadas para o efeito colimado, e se o condenado executar suas atividades por mais de oito horas diárias, o excesso não poderá ser considerado para futura compensação (PADUANI, 2002).

Outros autores têm entendimento diverso. Segundo Alvim (1991, p. 82), a fixação da jornada diária do trabalhador presidiário presente na LEP objetiva orientar a administração prisional para que adeque o labor diário dos presos às circunstâncias da relação trabalhista social.

Para nós que militamos na seara da execução penal, o entendimento esposado por Alvim é o mais correto. A reintegração social não depende unilateralmente do trabalho objetivado na produção, mas envolve uma relação trabalhista com respeito aos direitos sociais básicos do preso trabalhador, sendo que a contemporaneidade constitucional garante uma série de direitos aos trabalhadores e excluir tais benefícios do âmbito do trabalho prisional seria uma atitude antijurídica e ilegítima.

Segundo Alvim

> Se o preso trabalha cinco horas hoje, sob que pretexto, senão o de um legalismo vingativo, não poderia, aproveitando-se de uma carga horária elástica, repor a hora faltante em outro dia, trabalhando sete horas? (1991, p. 82).

Portanto, se a finalidade do trabalho do presidiário é o desenvolvimento de uma atividade, como meio para se atingir sua ressocialização, nada impede que este objetivo possa ser atingido através de uma jornada de trabalho flexível, que propicie a adequada individualização da pena. O espírito da LEP é o escopo educativo e produtivo do trabalho e não a mera operação aritmética de remição automática de um dia de pena após três dias de trabalho.

3.5 Da remuneração pelo trabalho realizado

Independentemente de quem está prestando o serviço, seja para o Estado ou para uma instituição privada, o detento tem o direito de ser remunerado. O inciso II do artigo 41 da Lei de Execução Penal aduz que constitui direito do preso a atribuição de trabalho e sua remuneração. Assim, o legislador demonstrou sua preocupação em deixar expresso que o trabalho prisional é um direito do preso, não deixando abertura para quaisquer dúvidas ou entendimentos contrários.

A realidade nos mostra que o trabalho prisional que deveria ser visto como uma forma de dar ao preso uma condição de dignidade humana dentro do sistema prisional é alcançado pela minoria, e apesar do grande benefício de ter a redução de um dia da sua pena a cada três dias trabalhados, a remuneração obtida geralmente é extorsiva; ganha-se pouco e trabalha-se muito.

Silva (2016, p. 65) informa que

> Se de um lado a lei obriga o condenado ao trabalho, interferindo na esfera de autodeterminação e vontade do indivíduo, o que já representa uma violação da dignidade humana, por outro lado, não lhe garante os direitos sociais do trabalho previstos na Consolidação das Leis Trabalhistas, tampouco garante a mesma remuneração prevista para o trabalhador livre, quando prevê um valor que não seja inferior a 3⁄4 (três quartos) do salário mínimo, o que justifica a existência dessa referência como limite.
>
> A imposição do trabalho ao preso condenado funciona, na realidade do sistema prisional brasileiro, nas prisões públicas, mais como um meio de disciplina e ocupação do tempo do apenado, e também como mão de obra "barata" para realizar os serviços internos de limpeza, conservação e cozinha, e menos pelo valor econômico da atividade.

A própria LEP prevê, no artigo 29, § 1°, que a remuneração do condenado não deve ser inferior a três quartos do salário mínimo. Senão vejamos:

A LEP, no seu Artigo 29, prevê que o trabalho executado pelo apenado será remunerado, não podendo esse valor ser inferior a 3/4 (três quartos) do salário mínimo. Em seu inciso I, dispõe que o produto da remuneração pelo trabalho deverá atender:

a) à indenização dos danos causados pelo crime, desde que determinados judicialmente e não reparados por outros meios;
b) à assistência à família;
c) a pequenas despesas pessoais;

d) ao ressarcimento ao Estado das despesas realizadas com a manutenção do condenado, em proporção a ser fixada e sem prejuízo da destinação prevista nos itens anteriores.

O inciso II do referido artigo refere-se a outras aplicações legais, relacionadas com o restante da remuneração, a qual será depositada para a constituição do pecúlio, em cadernetas de poupança, que serão entregues aos condenados, quando estiverem em liberdade.

Julião (2006, p. 80) adverte que

> O trabalho prisional no Brasil, contrariando as determinações legais, da Lei de Execuções Penais, não remunera adequadamente; não cumpre condições básicas de trabalho como higiene, segurança e equipamentos adequados; bem como não garante tampouco seguro contra acidentes trabalhistas.

A constitucionalidade de tal dispositivo pode ser questionada, na medida em que o artigo 7º, inciso IV, da Constituição da República assegura a todos os trabalhadores, tanto urbanos como rurais, o salário mínimo. Conforme expresso na Constituição Cidadã, o salário mínimo deve ser capaz de atender suas necessidades vitais básicas e as de sua família, com moradia, alimentação, educação, saúde, lazer, vestuário, higiene, transporte e previdência social .

Rodrigo Janot, então Procurador-Geral da República, ajuizou a Arguição de Descumprimento de Preceito Fundamental (ADPF 336), questionando o dispositivo da Lei de Execução Penal - LEP (Lei 7.210/1984, artigo 29, *caput*) que fixa, como remuneração para o trabalho do preso, o valor-base de três quartos (3/4) do salário mínimo. Eis a matéria a publicada no site do STF:

> **Remuneração de presos em três quartos do salário mínimo é tema de ADPF**
>
> O dispositivo da Lei de Execução Penal - LEP (Lei 7.210/1984,

artigo 29, *caput*) que fixa, como remuneração para o trabalho do preso, o valor-base de três quartos (3/4) do salário mínimo está sendo questionado no Supremo Tribunal Federal (STF) em Arguição de Descumprimento de Preceito Fundamental (ADPF 336) ajuizada pela Procuradoria Geral da República. Como a norma é anterior à Constituição de 1988, o instrumento cabível para questioná-la é a ADPF, nos termos do artigo 102, parágrafo 1º, da Constituição Federal, regulamentado pela Lei 9.882/1999.

Segundo o procurador-geral, Rodrigo Janot, o estabelecimento de contrapartida monetária pelo trabalho realizado por preso em valor inferior ao salário mínimo viola os princípios constitucionais da isonomia e da dignidade da pessoa humana, além do disposto no artigo 7º, inciso IV, que garante a todos os trabalhadores urbanos e rurais o direito ao salário mínimo. Na ADPF, pede-se liminar para suspender a aplicação do dispositivo até o julgamento do mérito, quando a PGR espera que o STF declare a não recepção do dispositivo da Lei de Execução Penal pela Constituição de 1988.

"Qual a diferença entre o trabalho realizado por pessoa livre daquele realizado por presidiário? Os valores decorrentes do princípio da isonomia não autorizam a existência de norma que imponha tratamento desigual sem que a situação corrobore a necessidade da diferenciação. A força de trabalho do preso não diverge, em razão do encarceramento, daquela realizada por pessoa livre, consistindo a remuneração inferior não somente ofensa ao princípio da isonomia, como injustificável e inconstitucional penalidade que extrapola as funções e objetivos da pena", afirma Janot.

Na ADPF, a PGR apresenta números do Conselho Nacional de Justiça (CNJ) de 2014, dando conta de que a população carcerária brasileira é de 711.463 presos, o que coloca o Brasil no ranking de terceira maior população carcerária do mundo, atrás apenas dos Estados Unidos da América e da China. "Em que pese apenas 22% dos presos do sistema penitenciário brasileiro (dados de junho de 2012) exerçam alguma espécie de labor, a quantidade de

> pessoas com a liberdade de ir e vir cerceadas que se enquadrem no artigo 29, *caput*, da Lei 7.210/84 é expressiva. Vale dizer, a norma alcança a mais de 150 mil brasileiros", conclui Janot.
>
> A ADPF 336 está sob a relatoria do ministro Luiz Fux (hhttp://www.stf.jus.br/portal/cms/verNoticiaDetalhe.asp?idConteudo=289202)

Vejamos a seguinte situação: duas pessoas exercem o mesmo tipo de trabalho, sendo que uma está livre e a outra cumpre pena privativa de liberdade. Há alguma diferença entre o trabalho realizado por pessoa livre daquele realizado por presidiário? Por que então pagar salários diferentes?

Segundo entendimento de Brito (2011, p. 111), não há dignidade alguma em rebaixar-se o valor do vencimento, rebaixando igualmente a qualidade de trabalhador recluso. Isso é tratar de maneira desigual quem exerce o mesmo trabalho.

Indo mais além, como falar em dignidade humana percebendo salário aviltante? Como haverá ressocialização se o próprio sistema prisional trata de forma discriminatória o detento? Receber salário inferior ao mínimo legal frustra a sua finalidade do trabalho. Na verdade, o preso será punido duas vezes: receberá menor salário que qualquer outro trabalhador única e exclusivamente em função de ter-lhe sido aplicada a pena privativa de liberdade. Isto não é ressocialização, mas sim, exploração!

Conforme consta na manifestação da PGR,

> O direito dos cidadãos presos ao trabalho não constitui sanção, mas instrumento educativo e social destinado a garantir meios de reinseri-los na sociedade e de ocupar-lhes a mente e a energia, a fim de reduzir tensões no sistema prisional e permitir-lhes desenvolver-se e refletir sobre seus atos. Definir o piso remuneratório do trabalho de pessoas condenadas criminalmente abaixo do patamar que a Constituição da República considera como mínimo para atendimento das necessidades vitais básicas importa na atribuição de certo caráter sancionatório às atividades laborais realizadas pelos apenados.

> A condição de preso de um cidadão não pode ser utilizada como justificativa para afastar a exigência de observância do salário mínimo constitucionalmente preconizado. O fator de discrímen utilizado pela LEP não se coaduna com o princípio da dignidade humana nem com o da isonomia, porquanto a prestação de trabalho é a mesma, estando ou não o trabalhador com sua liberdade de ir e vir restringida. Em outras palavras, não há situação desigual a legitimar tratamento díspar relativo à inobservância do salário mínimo.

O direito do preso a uma remuneração equitativa compõe as Regras Mínimas para Tratamento de Reclusos, definidas pelo I Congresso das Nações Unidas sobre a Prevenção do Crime e o Tratamento de Delinquentes, de 31 de agosto de 1955. Esta norma indica que o tratamento a ser conferido à atividade laboral dos presos no interior do sistema prisional deve se aproximar ao máximo do exercício profissional de cidadãos sem restrição de liberdade.

Senão vejamos:

> Adotadas pelo 1º Congresso das Nações Unidas sobre Prevenção do Crime e Tratamento de Delinquentes, realizado em Genebra, em 1955, e aprovadas pelo Conselho Econômico e Social da ONU através da sua resolução 663 C I (XXIV), de 31 de julho de 1957, aditada pela resolução 2076 (LXII) de 13 de maio de 1977. Em 25 de maio de 1984, através da resolução 1984/47, o Conselho Econômico e Social aprovou treze procedimentos para a aplicação efetiva das Regras Mínimas (anexo).
>
> [...] Trabalho
>
> 71. (1) O trabalho na prisão não deve ser penoso.
>
> (2) Todos os presos condenados deverão trabalhar, em conformidade com as suas aptidões física e mental, de acordo com a determinação do médico.

(3) Trabalho suficiente de natureza útil será dado aos presos de modo a conservá-los ativos durante um dia normal de trabalho.

(4) Tanto quanto possível, o trabalho proporcionado será de natureza que mantenha ou aumente as capacidades dos presos para ganharem honestamente a vida depois de libertados.

(5) Será proporcionado treinamento profissional em profissões úteis aos presos que dele tirarem proveito, especialmente aos presos jovens.

(6) Dentro dos limites compatíveis com uma seleção profissional apropriada e com as exigências da administração e disciplina prisionais, os presos poderão escolher o tipo de trabalho que querem fazer.

72. (1) A organização e os métodos de trabalho penitenciário deverão se assemelhar o mais possível aos que se aplicam a um trabalho similar fora do estabelecimento prisional, a fim de que os presos sejam preparados para as condições normais de trabalho livre.

(2) Contudo, o interesse dos presos e de sua formação profissional não deverão ficar subordinados ao desejo de se auferir benefícios pecuniários de uma indústria penitenciária.

73. (1) As indústrias e granjas penitenciárias deverão ser dirigidas preferencialmente pela administração e não por empreiteiros privados.

(2) Os presos que se empregarem em algum trabalho não fiscalizado pela administração estarão sempre sob a vigilância do pessoal penitenciário. A menos que o trabalho seja feito para outros setores do governo, as pessoas por ele beneficiadas pagarão à administração o salário normalmente exigido para tal trabalho, levando-se em conta o rendimento do preso.

74. (1) Nos estabelecimentos penitenciários, serão tomadas as mesmas precauções prescritas para a proteção, segurança e saúde dos trabalhadores livres.

(2) Serão tomadas medidas visando indenizar os presos que sofrerem acidentes de trabalho e enfermidades profissionais em condições similares às que a lei dispõe para os trabalhadores livres.

75. (1) As horas diárias e semanais máximas de trabalho dos presos serão fixadas por lei ou por regulamento administrativo, tendo em consideração regras ou costumes locais concernentes ao trabalho das pessoas livres.

(2) As horas serão fixadas de modo a deixar um dia de descanso semanal e tempo suficiente para a educação e para outras atividades necessárias ao tratamento e reabilitação dos presos.

76. (1) O trabalho dos reclusos deverá ser remunerado de uma maneira equitativa.

(2) O regulamento permitirá aos reclusos que utilizem pelo menos uma parte da sua remuneração para adquirir objetos destinados a seu uso pessoal e que enviem a outra parte à sua família.

(3) O regulamento deverá, igualmente, prever que a administração reservará uma parte da remuneração para a constituição de um fundo, que será entregue ao preso quando ele for posto em liberdade.

Interessante citar o entendimento de Mirabete (2007, p. 93)

> O trabalho do preso e do internado deve ser remunerado adequadamente, não se reconhecendo mais o regime de "gorjetas" ou "regalias" ou remuneração simbólica. Este é um imperativo não só ético, como também jurídico e prático, reconhecido pelas Regras Mínimas da ONU ao referirem-se à remuneração "equitativa" (no 76.1). Expõe lucidamente MANOEL PEDRO PIMEN-

> TEL: "Para o preso institucionalizado o trabalho é um valor negativo. Mas o dinheiro é um valor positivo. Conjugar esses dois valores, para que o interno objetivando o fim (dinheiro), habitue-se com o meio (trabalho), é uma estratégia necessária".

Portanto, são muitas as razões que demonstram que a remuneração mínima do trabalho executado pelos detentos deve atender aos parâmetros estabelecidos na Constituição da República, no artigo 7º, IV, sob pena de violação aos princípios da isonomia e da dignidade humana e ao valor social do trabalho (arts. 1º , IV; 6º , e 170, caput, da CF/88).

Além da remuneração poder ser inferior ao salário mínimo, o LEP ainda dispõe que do salário do preso deverá o Estado ser ressarcido pelas despesas de sua manutenção no cárcere, em proporção a ser fixada em lei. Isto é uma grande contradição!

No nosso entender, para que a lei fixe o valor a ser ressarcido ao Estado, primeiramente deve fazer alteração no próprio valor estabelecido para o salário. Ora, se o preso que recebe remuneração inferior ao salário mínimo, tiver que ressarcir ao Estado, não terá condições de cuidar de si e muito menos de sua família.

De forma totalmente preconceituosa, a LEP aduz que o preso pode, inclusive, poupar os recursos advindos do seu trabalho para utilizá-los futuramente, quando precisar se readaptar ao mercado de trabalho. Infelizmente, tal alegação condiz com o fato de que, enfim libertos, os detentos encontrarão dificuldades para obter trabalho ou emprego. A lei já profetiza isso, e se não conseguirem poupar parte da remuneração percebida enquanto estiverem presos, terão grandes dificuldades para se sustentarem após o cumprimento da pena. Mas a pergunta que se faz é: como pouparão?

Apesar de o baixo salário ser um atrativo das empresas para contratarem os detentos, o que se vê é que, mesmo com essas *vantagens*, as empresas, em razão do preconceito e estigma, não oferecem oportunidades de trabalho. Hassen (1999, p. 186-187) fala das vantagens para as empresas:

> [...] além de evitar os encargos sociais de uma contratação, a remuneração ainda se vê rebaixada pela insegurança e consequente desmobilização reivindicatória que se apresenta entre os presos [...]. Não bastassem tantas vantagens, as empresas que contratam mão-de-obra prisional ainda se vangloriam de fazer a caridade. [...]. Não há um ofício com valor no mercado de trabalho externo sendo oferecido para aprendizes. As tarefas são em geral monótonas, repetitivas e se caracterizam por não exigir preparo profissional, o que facilita a contratação dos presos, e, por conseguinte, não preparam mão-de-obra qualificada.

O Ministério Público do Trabalho (MPT) vem adotando a proteção do trabalho do preso. Dentre as muitas irregularidades no trabalho penitenciário, há situações em que o serviço prestado à iniciativa privada é remunerado com valores irrisórios. Oliveira (2017, p. 102) informa que no Estado do Paraná, o MPT ingressou com uma ação civil pública contra o Governo do Estado em razão das irregularidades no trabalho prestado pelos presos. Segundo a autora, há situações em que o serviço prestado a terceiros onde os detentos chegam a ter salários de R$ 30,00. Conforme consta no site do MPT, <http://www.prt9.mpt.gov.br/procuradorias/45-noticias-prt-curitiba/424-parana-tem-presos-trabalhando-por-salario-de-r-30-afirma-mpt-pr-2>, numa inspeção feita pelo MPT na fabricante de luvas Yelling mostrou que a empresa se utiliza de mão de obra carcerária com 90 presos, sendo que o total de empregados é 175. Constatou-se, ainda, que os trabalhadores não possuem nenhum tipo de controle de saúde, sendo expostos a produtos químicos.

Há casos de empresas que utilizam na sua produção milhares de presos, sendo que a atividade é executada dentro das prisões, não existindo emprego para quem está do lado de fora dos muros do presídio.

Isto é conhecido como *dumping social*, o que faz com que o empresário aufira lucros de maneira desproporcional, ferindo o princípio da livre concorrência insculpido na nossa Constituição Federal de 1988. Com a mão de obra muito mais barata, há um desajuste nos setores de produção, com sérios problemas para toda a sociedade. Ademais, o empresário não pode ser o único beneficiado pelo trabalho dos presos.

Nucci (2009. p. 455) informa que

> Trabalho de condenado não pode gerar lucro para empresas privadas, pois é uma distorção do processo de execução da pena. O preso receberia, por exemplo, três quartos do salário mínimo e produziria bens e produtos de alto valor, em oficinas montadas e administradas pela iniciativa privada, que os venderia e ficaria com o lucro, sem nem mesmo conferir ao condenado os benefícios da CLT (lembremos da vedação estabelecida pelo artigo 28, § 2º, desta Lei). Tal situação seria ilegal e absurda. O cumprimento da pena e o exercício do trabalho pelo preso não têm por fim dar lucro. É um ônus estatal a ser suportado. Se, porventura, houver lucro na organização e administração da atividade laborativa do condenado, a este e ao Estado devem ser repartidos os ganhos. Por ora, é a previsão legal.

Vontade de trabalhar o detento tem, porém o que se observa é que não existe mercado de trabalho que absorva a população carcerária. Não há convênios e a demanda é muito maior do que a oferta de serviços. Assim, a impossibilidade do trabalho penal ocorre por deficiência do sistema prisional e social.

3.6 Garantias trabalhistas dos presos

Conforme já mencionado anteriormente, a Lei de Execuções penais prevê, no seu artigo 28, parágrafo 2º, que o trabalho do preso não está sujeito ao regime da (CLT). Apesar disso, estando no regime fechado ou semiaberto, o detento terá a oportunidade de exercer trabalho no interior do presídio, ou mesmo extramuros, através da contratação pelo Estado do parceiro privado. Logicamente será uma relação triangular, eis que a empresa privada não poderá contratar diretamente com o preso, mas apenas diretamente com o Estado, através de contrato administrativo, pois o preso está sob a responsabilidade do Estado.

A LEP, no entendimento de parte da doutrina, no que tange os direitos trabalhistas do preso, não foi recepcionada pela Constituição Federal. Segundo eles, a CF/88 proíbe toda e qualquer discriminação entre os trabalhadores, como preconiza em seu artigo 7º, incisos XXXI e seguintes. Coutinho (1999, p. 07-20) informa que

> Se na prestação de trabalho pelo apenado estiverem presentes todos os elementos de uma relação de emprego, pela realização de um trabalho subordinado com continuidade e pessoalidade, o pagamento deverá ser igual ou superior a um salário mínimo. A norma constitucional, em seu artigo 7º, inciso IV, garante a percepção de um salário mínimo por todo trabalhador. Sendo norma de eficácia plena, implica automaticamente a não recepção da Lei de Execução Penal, que permite a realização de trabalho remunerado pelo apenado em valores inferiores ao mínimo legal, quando está caracterizada a relação de emprego.

Em que pese os argumentos esposados por essa parte da doutrina, entende-se que a CLT não se aplica ao trabalho do preso, pois, ainda que seja de direito subjetivo, onde prevalece a vontade do apenado-trabalhador, também tem natureza de direito público-administrativo, posto que essa relação de trabalho necessita da intervenção do Estado para se concretizar. O Estado tem que dar o seu aval.

Outro detalhe digno de nota: no trabalho que exerce, o preso está preocupado apenas com a sua liberdade. O trabalho do preso tem finalidades específicas baseadas na LEP, quais sejam, educativa e produtiva. O que se espera é a preparação do detento para a sua reinserção na sociedade, que se dá através da qualificação pelo trabalho.

Para o preso, o trabalho tem uma função dignificadora, independentemente de o seu trabalho ser realizado no âmbito interno ou externo do presídio. Não configura relação de emprego, nem cabe a aplicação da CLT, porém em que pese essas considerações, entende-se que devem ser observados os direitos trabalhistas reconhecidos pela Carta Magna em seu artigo 7º, posto que se trata de direitos sociais do trabalhador, seja ele livre ou não. Aliás, no texto constitucional não fala a espécie de trabalhador, tratando todos da mesma forma.

Foi por isso que Júnior (2009, p. 716-718) assim se pronunciou:

> Os direitos sociais são aquelas posições jurídicas que credenciam o indivíduo a *exigir* do Estado uma *postura ativa*, no sentido de que este se coloque à disposição daquele, prestações de natureza jurídica ou material, consideradas necessárias para implementar as condições fáticas que permitam o efetivo exercício das liberdades fundamentais e que possibilitam realizar a *igualização de situações sociais desiguais*, proporcionando melhores condições de vida aos desprovidos de recursos materiais.

Gomes (2008, p. 143) menciona que a titularidade do direito ao trabalho é universal, o que implica dizer que está voltada abertamente a todas as pessoas humanas, sem qualquer distinção de classe.

A CF/88, ao tratar dos direitos fundamentais, afirma que os direitos sociais são verdadeiros *direitos fundamentais*, com força normativa e vinculante, que dão aos seus titulares direito de exigir do Estado estas garantias indispensáveis ao ser humano. Isso vale para todos os trabalhadores, sejam eles livres ou reclusos, posto que não se pode fazer diferenciação entre os diversos tipos de trabalhos. Portanto, é obrigação do Estado oferecer trabalho ao apenado, e para isso pode-se valer de contratos com parceiros privados.

Oliveira (2017, p. 185) menciona que:

> Defender o trabalho do preso em iguais circunstancias ao trabalho livre, mas retirar os seus direitos trabalhistas é de tamanha incongruência que caminha para o caminho oposto ao da reinserção social. Isso demonstra um bloqueio para a reintegração do preso, além do fato da sociedade não estar preparada para o retorno do delinquente.

Os direitos sociais previstos na CF/88 devem ser aplicados no que se refere ao trabalho prisional, enquanto tal matéria não se encontra regulada na legislação específica própria.

Os direitos fundamentais podem ser analisados a partir de dois enfoques: subjetiva e objetiva. A primeira dimensão é a subjetiva, que tem relação com os sujeitos. Nessa dimensão é relacionado aos direitos de proteção, também chamados de *negativos*; e os de exigência de prestação, também chamados de *positivos*, por parte do indivíduo em face do poder público.

A segunda dimensão é a objetiva. Os direitos fundamentais devem ser compreendidos também como o conjunto de valores objetivos básicos de conformação do Estado Democrático de Direito. Nessa perspectiva (objetiva), eles estabelecem diretrizes para a atuação dos poderes Executivo, Legislativo e Judiciário e para as relações entre particulares. É a teoria conhecida como sendo a *eficácia irradiante dos direitos fundamentais*.

Conforme estudado, o efeito irradiante dos direitos fundamentais decorre da dimensão objetiva, que é a capacidade que eles têm de alcançar os poderes públicos no exercício de suas atividades principais. Baseado nisso, Legislativo elaborar a leis, a Administração Pública deve governar e o Judiciário deve resolver conflitos. Tudo isso em prol proteção de direitos.

Portanto, numa perspectiva **subjetiva**, os direitos fundamentais possibilitam ao sujeito obter junto ao Estado a satisfação de seus interesses juridicamente protegidos. Numa perspectiva **objetiva**, eles sintetizam os valores básicos da sociedade e seus efeitos irradiam-se a todo o ordenamento jurídico, alcançando também a atuação dos órgãos do Estado.

Se a CF/88 consagra os direitos fundamentais e o princípio da dignidade da pessoa humana, também estarão protegidos os princípios relacionados ao trabalho. E se o trabalho é um direito fundamental, será assim para todos os trabalhadores. Todos os setores da sociedade são atingidos pela eficácia irradiante dos direitos fundamentais.

Sarmento *(2003, p. 279)* leciona que

> *Uma das mais importantes consequências da dimensão objetiva dos direitos fundamentais é o reconhecimento da sua eficácia irradiante. Esta significa que os valores que dão lastro aos direitos fundamentais penetram por todos os ordenamento jurídico, condicionando a interpretação das normas legais e atuando como impulsos e diretrizes para o legislador, a administração e o Judiciário. A eficácia irradiante, nesse sentido, enseja a "humanização" da ordem jurídica, ao exigir que todas as suas normas sejam, no momento de aplicação, reexaminadas pelo operador do direito com novas lentes, que terão as cores da dignidade humana, da igualdade substantiva e da justiça social, impressas no tecido constitucional.*

Umas das soluções para proporcionar trabalho digno ao preso passa-se necessariamente pela efetivação dos direitos fundamentais previstos na CF/88. Mesmo não sendo aplicado as normas da CLT, vislumbra-se a necessidade de aplicação dos princípios peculiares do Direito do Trabalho ao trabalho recluso. A LEP, apesar de regulamentar o trabalho do preso, deixa várias lacunas, além de retirar tal trabalhador da égide da CLT, ao afirmar que não haveria relação de emprego entre o trabalhador preso e o seu empregado.

Qual a diferença do trabalhador preso e do trabalhador livre, se ambos prestam de serviços para uma entidade privada? Ora, as duas relações reúnem todos os elementos da relação de emprego. Por que então discriminar o preso?

Além disso, a aplicação dos princípios constitucionais, na sua perspectiva **objetiva**, bem como aqueles peculiares do Direito do Trabalho, notadamente, o da proteção, levam à certeza de que ao trabalhador preso deve ser garantida a ampla rede de proteção dos trabalhadores urbanos e rurais, não se justificando qualquer tipo de discriminação.

Para que a esperada ressocialização (ou reinserção) social do trabalhador preso seja mais contundente e natural, é necessário reconhecer o trabalho, em todas as suas esferas, como direito social fundamental.

3.7 Trabalho Prisional e a Previdência Social

A previdência social é um seguro social, mediante contribuições previdenciárias, com a finalidade precípua de prover subsistência ao trabalhador, em caso de perda de sua capacidade laborativa por motivo de doença, acidente de trabalho, maternidade, reclusão, morte e velhice.

Segundo Martinez (1992, p. 23) visa a propiciar os meios indispensáveis a subsistência da pessoa humana, quando esta não puder obtê-los ou não é socialmente desejável que os aufira pessoalmente através do trabalho, por motivo de maternidade, nascimento, incapacidade, invalidez, desemprego, prisão, idade avançada, tempo de serviço ou morte.

Os segurados obrigatórios são divididos nas seguintes espécies: empregado, empregado doméstico, empresário, trabalhador autônomo, equiparado a trabalhador autônomo, trabalhador avulso e segurado especial. Quem não exerce atividade remunerada também pode inscrever-se na previdência social e contribuir para ter direito aos seus benefícios.

Este segurado é tratado como segurado facultativo. É o que, concomitantemente, preenche os seguintes requisitos: não exerce atividade de vinculação obrigatória a qualquer regime previdenciário e que seja maior de dezesseis anos (artigo 7º, XXIII, da CF). A legislação previdenciária exemplifica como facultativo o presidiário que não exerce atividade remunerada.

Na previdência temos dois tipos de segurados: os obrigatórios e os facultativos. Segurados facultativos são todos aqueles que não exerce atividade remunerada também pode inscrever-se na previdência social e contribuir para ter direito aos seus benefícios. Para ser segurado facultativo basta não exercer atividade de vinculação obrigatória a qualquer regime previdenciário e que ser maior de dezesseis anos, segundo consta no artigo 7º, XXIII, da CF. O preso é um exemplo de um segurado facultativo.

Os direitos do preso estão previstos na Lei de Execução Penal e no Código Penal, porém é através da LEP que o apenado poderá, em tese, recuperar o exercício pleno de sua vida, através da ressocialização. A carta magna do apenado é a Lei de Execuções Penais.

Na LEP e no Código Penal estão relacionados vários direitos do preso, sendo que dentre eles consta o direito à Previdência Social. Senão vejamos:

> LEP - artigo 41 - Constituem direitos do preso:
>
> [...]
>
> Previdência Social; [...]
>
> CP - artigo 39 - O trabalho do preso será sempre remunerado, sendo-lhe garantidos os benefícios da Previdência Social.

Portanto, o apenado possui direito a todos os benefícios previdenciários dispostos na Lei n. 8.213 de 1991, sendo que o mesmo é enquadrado no sistema previdenciário como segurado facultativo. Isto ocorre porque a legislação que rege a matéria (lei n. 8213/1991), quando menciona os segurados obrigatórios, não refere o trabalho do preso em nenhum de seus incisos. O preso só consta no Regulamento da Previdência Social (Dec 3.048/99), onde é preconizado que o detento pode filiar como segurado facultativo.

No referido Regulamento consta o seguinte:

> Decreto n° 3048/1999
>
> artigo 11 É segurado facultativo o maior de dezesseis anos de idade que se filiar ao Regime Geral de Previdência Social, mediante contribuição, na forma do artigo 199, desde que não esteja exercendo atividade remunerada que o enquadre como segurado obrigatório da previdência social.
>
> § 1º Podem filiar-se facultativamente, entre outros:

> IX– o presidiário que não exerce atividade remunerada nem esteja vinculado a qualquer regime de previdência social;
>
> XI – o segurado recolhido à prisão sob regime fechado ou semiaberto [sic], que, nesta condição, preste serviço, dentro ou fora da unidade penal, a uma ou mais empresas, com ou sem intermediação da organização carcerária ou entidade afim, ou que exerce atividade artesanal por conta própria.
>
> § 3º A filiação na qualidade de segurado facultativo representa ato volitivo, gerando efeito somente a partir da inscrição e do primeiro recolhimento, não podendo retroagir e não permitindo o pagamento de contribuições relativas a competências anteriores à data da inscrição, ressalvado o § 3º do artigo 28".

Por não ter conhecimento de seus direitos, os presos acabam não manifestando interesse em contribuir para a Previdência Social. Algumas decisões judiciais determinam que o presidiário deve recolher contribuições previdenciárias para ter direito a contar tempo de serviço laborado em unidade prisional para fins de aposentadoria.

3.8 Da aplicabilidade prática do trabalho exercido dentro das prisões

Dentre os mecanismos que possibilitam a reinserção social do apenado, destaca-se a prática do trabalho carcerário, tema central do presente estudo. Neste tópico analisaremos a necessidade de redefinição dos critérios de aprovação das frentes de trabalho, priorizando as empresas cuja atividade demonstre potencial para requalificação dos presos. Não podemos perder a razão e achar que os estereótipos são facilmente eliminados após o reencontro dos presos com a sociedade. Portanto, é importante considerar as atividades que sejam capazes de tornar os presos trabalhadores autônomos, a fim de evitar que a dificuldade de recolocação no mercado de trabalho inviabilize sua atividade profissional e que este problema colabore para a reincidência.

Alguns tipos de trabalhos exercidos dentro da prisão que não pertence ao trabalhador, por isso estranhado, um trabalho que não só lhe é imposto, um modo de obter seus meios de subsistência. O preso trabalhador já não mais se reconhece naquilo que produz, seu trabalho não o satisfaz, não se realiza enquanto ser humano. Marx (1993, p.162), em uma passagem dos **Manuscritos Filosóficos**, informa que

> [...] o trabalho é exterior ao trabalhador, quer dizer, não pertence à sua natureza; portanto, ele não se afirma no trabalho, mas nega-se a si mesmo, não se sente bem, mas infeliz, não desenvolve livremente as energias físicas e mentais, mas esgota-se fisicamente e arruína o espírito. Por conseguinte, o trabalhador só se sente em si fora do trabalho, enquanto no trabalho se sente fora de si. Assim, o seu trabalho não é voluntário, mas imposto, é trabalho forçado. Não constitui a satisfação de uma necessidade, mas apenas um meio de satisfazer outras necessidades.

Tal situação se adapta inteiramente nos trabalhos artesanais e confecção de bolas, ocorridos dentro da prisão. Segundo Lemos, Mazzilli e Klering (1998, p. 132) à luz desse entendimento, pode-se aferir que o trabalho prisional, desde a sua origem, está ligado diretamente à concepção taylorista de organização do trabalho. Esses tipos de trabalho, que mais ocorrem nas prisões, são caracterizadas como tayloristas por manterem atividades repetitivas, monótonas, metódicas e de baixa autonomia individual (COSTA; BRATKOWSKI, 2004). Mello (2005, p. 8) constata que estas são as formas de trabalho mais presentes no ambiente prisional e se caracterizam por linhas de produção e trabalhos artesanais, mas que não reproduzem o sistema de trabalho corporativo fora do sistema (COSTA; BRATKOWSKI, 2004, p. 4). Essas características do trabalho prisional contribuem para que grande parte dos egressos retornem às ocupações a que se dedicavam antes do encarceramento, reforçando a inutilidade dos modelos atuais de trabalho como ressocialização (ADORNO, 1991). Servem apenas para tirar o preso da ociosidade, não o preparando para sua vida fora do cárcere. Essas atividades, em geral, são de baixa demanda do mercado formal de trabalho e remuneradas abaixo da média de mercado.

No entendimento de Rago e Moreira (1984, p. 25), o *taylorismo*, enquanto método de organização científica da produção, mais do que uma técnica de produção, é essencialmente uma técnica social de dominação. Ao organizar o processo de trabalho, ao dividir o trabalho de concepção e o de execução, ao estruturar as suas relações, e ao distribuir, individualizadamente, a força de trabalho, a organização consegue impor o seu controle e o seu poder.

Menciona-se, ainda que, para confeccionar o trabalho artesanal, os apenados fazer uso de agulhas, utilizam a lâmina de barbear como instrumento cortante, bem como o palito de dente para a perfuração. Em algumas rebeliões ocorridas ultimamente no Brasil, tudo começou com alguns destes instrumentos.

As atividades exercidas pelos detentos dentro do sistema prisional não configuram uma atividade capaz de formar indivíduos preparados para retornar ao convívio social, pois eles não são educados para adquirir conhecimento técnico necessário à reinserção social. É preciso reorganizar a forma de aplicação do trabalho, devendo além de ocupar o tempo ocioso, preparar e oportunizar esses sujeitos para escolhas mais conscientes e transformadoras. Preparar o apenado para o mercado de trabalho.

Os presos devem aprender uma atividade laboral dentro das prisões, para que eles, ao retornarem ao convívio da sociedade, saibam que terão todas as condições para voltar ao mercado de trabalho de acordo com as funções os quais tiveram oportunidade de se capacitar durante o período em que estiveram presos.

Baseado no espírito da lei de Execuções Penais, o trabalho carcerário é elencado no rol de direitos e deveres do apenado. Portanto, sob essa ótica, o Estado estaria obrigado a fornecer trabalho aos reclusos, e esse não pode ser qualquer trabalho. É necessário que seja um trabalho que efetivamente a capacite para ingressar no mercado de trabalho.

O que se vê, na maioria das vezes, é que o trabalho, além de não trazer nenhuma aplicabilidade na reinserção social do preso, é realizado no interior da cela.

O parágrafo primeiro do artigo 32 da LEP preceitua que:

> artigo 32. Na atribuição do trabalho deverão ser levadas em conta a habilitação, a condição pessoal e as necessidades futuras do preso, bem como as oportunidades oferecidas pelo mercado.
>
> § 1º Deverá ser limitado, tanto quanto possível, o artesanato sem expressão econômica, salvo nas regiões de turismo.

A LEP traz expressamente em seu artigo 28 que a finalidade do trabalho do preso é educativa e produtiva. A finalidade educativa diz respeito à reintegração na sociedade através da qualificação pelo trabalho. Pois, ao saírem das prisões, os apenados que não tem nenhuma qualificação técnica, além de não se empregarem, ainda voltam a reincidir no crime. A educação pelo trabalho diz respeito ao ensino de alguma atividade laborativa para o efetivo exercício das atividades desempenhadas.

A nosso ver, o artesanato praticado em nossas prisões não tem nenhum caráter ressocializador, pois não apresenta qualquer expressão econômica. Serve muito mal para combater a ociosidade. Na maioria das vezes não há nenhuma fiscalização do artesanato produzido pelos detentos, não há informações detalhadas sobre como o trabalho é realizado, bem como porque o controle é feito por produção e não, como exige o caput do artigo 33 da Lei de Execução Penal, por carga horária. Para piorar, sequer existem registros confiáveis. Ora, o artigo 32 menciona que, na atribuição do trabalho deverão ser levadas em conta a habilitação, a condição pessoal e as necessidades futuras do preso, bem como as oportunidades oferecidas pelo mercado.

Não se está aqui a lançar uma base utópica. Apesar de pouco mencionado pelos estudiosos do direito, o trabalho penitenciário, do jeito que está, é totalmente inútil, tanto do ponto de vista de uma suposta capacidade ressocializadora, como do ponto de vista econômico. Só teria uma certa eficiência a partir da sua capacidade disciplinar e do seu caráter regulador, porém nem isto está ocorrendo. Basta verificar as rebeliões que ocorrem em todo o País. O trabalho exercido pelos detentos está adstrito a movimentos repetidos e enfadonhos, produzindo um efeito alienante que exclui a agitação e a distração. O que é pior: nada ensina àquele que nunca aprendeu um ofício.

Tais trabalhos, apesar de necessários ao cotidiano prisional, são absolutamente distantes daqueles exercidos fora do estabelecimento prisional, deixando de preparar os presos para o enfrentamento do mercado de trabalho. Como utilidade, tais trabalhos somente propiciam remição ao detento. Não devemos perder de vista que a maioria dos detentos possuem uma história de vida repleta de exclusão, não tendo acesso aos direitos básicos quando estavam soltos. Por isso, reinserir não seria o termo adequado para se aplicar a esses detentos, eis que os mesmos nunca foram inseridos na sociedade. Consertar bolas ou fazer tapetes não mudará a realidade fática em que os presos vivem. O trabalho tem que ser de mais elevada importância, tal como trabalhar na reconstrução de mata ciliar e em outros desdobramentos na área ambiental, oficinas mecânicas, construção civil, etc. Este é o trabalho que é levado para toda a vida, e não aqueles sem quaisquer relações com a realidade social que o preso e seus familiares vivem.

Conforme mencionado, o controle do trabalho artesanal e similares é feito por produção e não, como exige o caput do artigo 33 da Lei de Execução Penal, por carga horária. É de se anotar, entretanto, que o trabalho realizado pelos reeducandos, em especial quanto ao artesanato, merece melhor controle, por parte da direção do estabelecimento penal.

Mirabete (2004, p. 97) aduz que, por falta de matéria-prima, que na maioria das vezes, não é fornecida pelo Estado, são as famílias dos presidiários que levam o material necessário para a confecção dos artesanatos. Ou seja, em vez do Estado proporcionar condições de trabalho para o preso, é através de sua família que se consegue tirar algum proveito econômico dos trabalhos artesanais realizados.

Já que o Estado está em profunda letargia, que pelos menos, no caso do trabalho artesanal, que o mesmo demande de certa intelectualidade do preso para a sua execução.

Por falta de opções de trabalho dentro dos presídios, a maior parte dos presos têm que se submeterem à atividade de artesanato. Não estamos, de forma alguma que o preso seja prejudicado por fazer artesanato. Não é culpa do detento se o Estado não cumpre sua função, pois independentemente de qualquer situação, o preso tem o seu direito garantido ao trabalho. O que queremos, longe de sermos utópicos, é que ao detento seja garantido um trabalho que o ajude após o cumprimento da pena.

Varella (2012, p. 131), de forma magistral informa que

> Tantos são os benefícios que cabe a pergunta: por que o trabalho não é obrigatório nas cadeias? Por uma razão simples: impossível existir empregados sem empregadores. Todos os diretores de presídio se queixam da dificuldade de conseguir empresas dispostas a montar oficinas nas dependências das cadeias. As poucas que o fazem oferecem trabalhos puramente manuais: costurar bolas de futebol, colocar espirais em cadernos, montar tomadas elétricas, pregar botões, confeccionar pequenas peças de roupas e outras tarefas que não exigem formação técnica. É pouco provável que tais atividades formem profissionais preparados para enfrentar a concorrência no mercado de trabalho.

Sobre a remição, esta poderá ser obtida pelo trabalho interno ou externo, manual ou intelectual, agrícola ou industrial, não sendo excluído o trabalho artesanal.

Todas as vezes que são realizadas visitas na Casa de Prisão Provisória de Dianópolis (CPPD), verifica as reclamações dos detentos pelo fato que, apesar de fazerem os tapetes, eles não conseguem vendê-los. E, segundo eles, acabam prejudicando a família, que luta para conseguir a mão de obra e nem esse valor conseguem recuperar.

O que entendemos é que os trabalhos artesanais e similares, da forma como são produzidos pelos detentos são relacionados a movimentos repetidos, tais como conserto de bolas, tapetes, artesanatos que não exigem nenhuma intelectualidade do preso, etc., trabalhos que necessariamente não serão praticados fora do estabelecimento prisional, deixando de preparar os presos para o enfrentamento do mercado de trabalho. É o verdadeiro artesanato sem expressão econômica, que tem apenas aquele caráter de "terapia ocupacional", sem condição de dar sustentabilidade socioeconômica ao egresso e, portanto, não elidindo a *tentação* do retorno à criminalidade. Na maioria das vezes, o trabalho artesanal não tem comprovação da carga horária, produção e rentabilidade. Ademais, o artesanato realizado dentro das prisões não é profissional, pois não tem finalidade educativa e produtiva, com vistas a reintegrar o reeducando socialmente e torná-lo apto a se manter ao final da pena.

O presente trabalho pretende incutir, principalmente em relação ao Ministério Público do Estado do Tocantins - MPE, a análise das atuações em prol do direito ao trabalho digno, não aquele trabalho insignificante que não traz nada de bom para o preso. O enfoque construído neste estudo visará trazer à luz os aspectos inovadores da execução penal, em que a falta da utilização prática do trabalho do detento tem sido um dos grandes responsáveis pelos problemas ocorridos no sistema prisional brasileiro, e, em específico, no sistema penitenciário do Estado do Tocantins.

Carvalho (2008, p. 103) afirma que, para evitar novos delitos não basta apenas o medo da punição, mas também é necessário oferecer meios adequados ara que os apenados, futuramente, não voltem a delinquir, e a ressocialização é apontada como um meio para esse fim. Segundo ele,

> a sanção estatal deve adquirir sentido positivo, promovendo não somente coação aos não desviantes (temor pela autoridade), mas fornecendo meios para que o criminoso não incorra novamente no delito e seja integrado na e pela comunidade. O exercício

> do direito de punir passa a ser norteado pela ideia de prevenção especial positiva, consolidando as teorias de ressocialização, recuperação e regeneração do criminoso elaboradas pela criminologia positivista (paradigma etiológico-causal).

Já Moraes Filho (1975, p. 215) informa que

> Além do mais, não pode nem deve ser esquecido o avassalador poder do dinheiro na vida contemporânea, na qual tudo tem seu preço e na qual somente se pode adquirir e gozar os chamados bens da vida mediante forte capacidade aquisitiva. Numa sociedade de consumo, de nada ou pouco valerão as lições do cárcere, se o indivíduo, de certa forma já marcado e, sem dúvida alguma, sofrido, não encontrar meios de exercer uma profissão, se possível, especializada e qualificada, que lhe mantenha um nível de vida digno e decente. Por trás dessa volta, dessa possível e almejada ressocialização, está o fantasma da reincidência, triste atestado da bancarrota de todos os esforços reeducativos e reabilitadores.

O que almejamos com este trabalho é a aplicação do trabalho no contexto da sociedade capitalista em que vivemos. Através de uma profissão especializada e qualificada, o detento estaria verdadeiramente ressocializado e preparado para uma profissão que lhe garantiria a sua subsistência. Se não estiver preparado para assumir um posto de trabalho, provavelmente ele voltará a cometer crimes.

Vaz (2012, p. 19) também discorre sobre o assunto afirmando que

> Não é mais possível a passiva aceitação da injustificada ociosidade em que vive a maioria dos presos que estão recolhidos nas Penitenciárias brasileiras, com maior gravidade daqueles que estão encarcerados nas cadeias Públicas, onde o ócio é ainda maior. Como é de notório conhecimento, as Cadeias Públicas não dispõem de acomodações compatíveis nem de condições adequadas para abrigar e muito menos "proporcionar a harmônica integração social do condenado e do internado", objetivo da execução penal, que vem expressamente preconizado no artigo 1º, da Lei de Execuções penais.

> Com efeito, se ao homem livre de qualquer apenação, o trabalho, de onde tira o seu sustento, por mais humilde que seja, o dignifica e ainda representa um dever moral e social, porque imputar ao preso a nociva ociosidade, reconhecida por todos como uma das causas geradoras de indisciplina, fugas, reincidência, desestruturação familiar, motins e rebeliões nos Estabelecimentos Prisionais? Ademais, se o encarcerado não trabalha, a responsabilidade de sua manutenção recai exclusivamente no Estado, exigindo cada vez mais recursos financeiros para essa finalidade.
>
> Criar nos Estabelecimentos Prisionais fontes de trabalho para ocupar o tempo do condenado e do internado, proporcionando-lhes sua reintegração social com dignidade é, sem dúvida, um dos maiores desafios do Estado, dos órgãos envolvidos com a execução penal, das autoridades e do cidadão, que também é responsável para que a pena em execução não seja desprovida do cárcere educativo e ressocializador que a lei lhe atribui.

Segundo Rodrigues (1999, p. 88-89) não há ressocialização, se esta não for a vontade do preso:

> Reconhece-se, assim, ao recluso, uma posição de sujeito da execução – enquanto participante ativo e com personalidade responsável no processo de (re)socialização –afastando uma visão das coisas que o tornava em mero destinatário passivo das normas, colocado na posição de objeto das preocupações de uma execução orientada por qualquer finalidade que fosse.
>
> Por outro lado, evidencia-se a estrutura ressocializadora do tratamento, conformada pela participação do recluso, em último termo, dela dependente.
>
> De fato, arranca-se aqui do reconhecimento da ideia de que a preparação para a vida em responsabilidade social é um processo cujo início se localiza já no decurso da própria execução; só assim existe uma real possibilidade de se alcançarem os objetivos pretendidos, no que a participação assume um papel de relevo.

> Ela constituiu, assim, o pressuposto de um verdadeiro tratamento, sendo mesmo indispensável, já que não existe ressocialização sem ou contra a vontade do recluso.
>
> O que permite o acentuar desta necessidade de participação é, por sua vez, o reforçar daquela ideia que rodeia a afirmação de um "direito" à ressocialização por parte do recluso.

Depreende-se que, para que seja alcançada a ressocialização, deve haver a participação do apenado. Não adianta a Estado e a sociedade fazerem sua parte e o preso ficar omisso. Não tem como haver ressocialização forçada.

Já Oliveira (2017, p. 114) afirma que

> no momento em que a sociedade o segregou do convívio com os demais, torna-se necessário que sejam disponibilizados meios para que ao fim de seu tratamento ele esteja apto a conviver com os demais. Assim, a melhor forma de ressocializar os detentos seria em condições similares às que os aguardam do lado de fora das prisões. Seria necessário despertar nos apenados a estima do trabalho tal qual realizado pelo homem livre.

Rodrigues (1999, p. 92) ensina que o regime de cumprimento das penas privativas de liberdade deve comportar uma aproximação crescente e progressiva à vida livre.

A ONU, através das Regras Mínimas para o Tratamento de Reclusos, declara que é mais fácil a ressocialização do apenado quando o trabalho for realizado de forma similar ao trabalho. Isso tem sua razão de ser. Quando está cumprindo a sua pena, o detento concomitantemente está sendo preparado para a vida em sociedade. Portanto, a melhor forma de prepará-lo é colocá-lo em situações parecidas com a ida que ele terá quando estiver de volta no seio da sociedade.

Silva (2016, p. 64), ao lecionar sobre as atribuições que poderão ser aproveitadas fora do cárcere e a expressão econômica do trabalho prisional menciona que

> Cabe destacar que quando a Lei de Execução Penal determina que na atribuição do trabalho no cárcere, devem ser considerados, entre outros aspectos, as oportunidades oferecidas pelo mercado, e que o artesanato sem expressão econômica deve ser limitado, tem-se ai um viés notadamente capitalista neoliberal, quando preocupa-se em preparar o preso para as atividades lucrativas, desestimulando as atividades artesanais que não possam trazer resultados econômicas.

Infelizmente, o Brasil ainda não comunga desse entendimento. Uma das bandeiras do MPT no que se refere ao trabalho executado pelos apenados é a exigência de atividades profissionais que tenham finalidades e caráter educativo, formativo, capacitador e profissionalizantes.

Não estamos aqui querendo abolir o artesanato do interior das prisões. Note-se que o trabalho artesanal não é proibido, apenas deve ser limitado de uma certa forma, para que o condenado tenha uma melhor qualificação para um emprego futuro, quando concedida a sua liberdade.

A ressocialização deve ser feita através da implantação de frentes de trabalho, não somente para retirar os apenados da ociosidade, mas também abrindo efetiva possibilidade de inserção futura na sociedade, através da profissionalização e perspectiva de emprego digno.

Resende (1997, p. 09-10) vaticina que

> Nesse sentido é que deve ser estimulada a prática de esportes, até mesmo em seu aspecto de dignificar o preso. Outro aspecto que merece destaque é a educação profissionalizante dentro das penitenciárias, como é o caso de padarias, marcenarias, pequenas confecções e fábricas de objetos de artesanato. O trabalho, além de valorizar o preso, ser-lhe-á muito útil em sua vida pós-cárcere, não sendo incomum que o ex-presidiário consiga, logo, vaga no mercado de trabalho, em ofício assemelhado ao que aprendera na prisão.

Os *trabalhos* executados pelos presos nas prisões (artesanato, consertos de bolas, etc.), apresentam a finalidade de ocupar o tempo ocioso e dar uma atividade ao detento, mas não os preparam para o mercado de trabalho no que diz respeito à formação de profissionais qualificados. Quem trabalha no sistema prisional sabe que são poucos os apenados que são influenciados pelo trabalho realizado e que os utilizam no reencontro com a sociedade.

Em entrevista ao site <https://noticias.uol.com.br/cotidiano/2008/11/14/ult5772u1517.jhtm>, a psicóloga e professora da UFMG Vanessa de Barros alega que

> o sistema carcerário com frequência oferece aos detentos apenas tarefas repetitivas e sem cunho profissionalizante, que não preparam o detento para a busca de trabalho quando a pena acaba, estimulando a reincidência.

Afirma ainda que

> a costura de bolas de futebol, a fixação de mola em pregadores de roupas, a colocação de penas em petecas e costuras das laterais de camisas e calças jeans, entre outras atividades que são comumente exercidas por presos, não possibilitam aos detentos a absorção de conhecimentos para a prática de atividades exigidas pelo mercado de trabalho, quando ele sai da prisão. Esse tipo de trabalho é mais uma metodologia de adaptação do que de fato uma preparação do preso para a vida fora da cadeia, pois o trabalho que é oferecido não agrega valor e não é um trabalho de formação profissional. É uma coisa que o preso faz para passar o tempo.

A crítica feita pela psicóloga é a mesma que fazemos nesta obra, porém tem que ficar claro que esse trabalho que é oferecido tem vantagens para o preso, ele não é um trabalho inútil, a crítica feita é que ele não é um trabalho profissional. Serve para remissão, porém não o qualifica para a vida em sociedade.

Genilson Ribeiro Zeferino, subsecretário da Administração Prisional, órgão da Secretaria de Estado da Defesa Social responsável pelo sistema carcerário de Minas Gerais, em entrevista ao site < https://noticias.uol.com.br/cotidiano/2008/11/14/ult5772u1517.jhtm>, afirmou que novas metodologias foram implementadas para reinserir de forma objetiva o ex-detento ao mercado formal de trabalho e exemplifica:

> Esse trabalho que preso realiza quando está confinado tem de impactar a vida dele ao sair. A gente aboliu, a partir dessa leitura, o artesanato. Por exemplo, o preso passava dez anos fazendo barcos e aviões, mas ao sair ninguém dava valor àquilo.

Conseguir um trabalho, reconstituir a família, que também acaba sendo dilacerada pela violência, montar o próprio negócio, tudo que é normal para a maioria das pessoas. Para os ex-presidiários se torna extremamente difícil devido ao preconceito. Segundo a pesquisadora da Universidade Federal de Minas Gerais (UFMG) Vanessa Barros, que também integra o Observatório Nacional do Sistema Prisional, do Ministério da Justiça, a reinserção dos egressos do sistema penitenciário no mercado de trabalho é prejudicada pelo preconceito.

> Existe ainda um desconhecimento enorme sobre o egresso e um preconceito. O estigma de ser egresso coloca essas pessoas num lugar de extrema vulnerabilidade. Supõe-se que, pelo fato de terem cumprido pena, eles vão continuar eternamente criminosos. (Site Agência Brasil)

Para um homem livre, a ausência de trabalho não faz com que necessariamente entrem para o mundo do crime, mas quando um ex-detento não encontra maneiras de se alimentar e sustentar sua família, a probabilidade de reincidir e voltar para a vida criminosa é muito grande. Dessa forma, o ex-preso volta ao mundo da criminalidade, pois, sem trabalho, não existe cidadania, resultando em exclusão social.

Uma coisa deve ficar clara: oferecer trabalho ao ex-presidiário não é colocá-lo para fazer serviços que ninguém queira executar ou fazê-lo praticar serviços em condições inadequadas e desumanas. O seu tempo na prisão tem que ser vivido como uma etapa para a sua vida livre e não há como viver de forma digna sem trabalho.

4

ATUAÇÃO DO MINISTÉRIO PÚBLICO EM RELAÇÃO AO SISTEMA PRISIONAL

Nesta parte final do estudo, mostraremos que os detentos devem exercer trabalhos que sejam mais técnicos e mais lucrativos, pois essas são as ocupações mais oferecidas pela sociedade. É impossível a prática da virtude sem um mínimo de conforto, já dizia Aristóteles. Portanto, as profissões a serem oferecidas aos apenados devem ser rendosas, tais como eletricista, encanador, mecânico, etc., além de dar dignidade aos apenados e seus familiares.

O trabalho deve ter uma ligação com a ocupação exercida pelo preso antes da sua segregação. Brant (1994, p. 139) salienta que a desvinculação entre a atividade desenvolvida no cárcere com as preferências ocupacionais e anteriores experiências de trabalho colocam o trabalho dentro das penitenciárias como inútil e sem sentido, tanto sob a ótica do trabalhador como dos objetivos propostos pela instituição penitenciária.

Isso ocorre porque as aspirações profissionais dos apenados, a serem desenvolvidas dentro dos estabelecimentos prisionais, têm base em suas experiências anteriores e no julgamento que os infratores fazem tanto de si mesmos como da sociedade discriminante que os espera.

Já para Ribeiro e Cruz (2002, p. 3) os trabalhos a serem concretizadas pelos presos dentro dos estabelecimentos penitenciários, têm sua base na respectiva experiência anterior, tornando-se apenas um mecanismo de reapropriação do tempo que a condenação colocou em suspenso e não uma forma de reeducar o criminoso e garantir sua reinserção na sociedade e no mercado de trabalho quando finda a sua pena privativa de liberdade.

Segundo Costa (1998, p. 58)

> Há três métodos diferentes de se iniciar este processo. O primeiro, é examinar os níveis de capacidade dos presos em suas posições atuais e acrescentar novas tarefas aos seus serviços, antes que se tomem rotineiros e sem desafios. O segundo, é levantar o nível global de habilidade da turma, transferindo periodicamente todo preso para uma nova posição na qual ele não tenha experiência. O terceiro método é transferir presos, que já tenham alcançado certo nível de capacidade, designando-os para novas posições em outros setores e oferecendo a eles novas oportunidades para crescer.

Para Costa (1998, p. 76), o trabalho digno tem o condão de proporcionar ao detento a esperança de um futuro melhor, longe da criminalidade. O preso, na maioria das vezes, chega à prisão sem nenhuma qualificação, sendo que o fato de aprender uma profissão é uma oportunidade de obter renda de forma lícita, abre para o detento a esperança de um futuro melhor. Pode-se dizer que a contribuição do trabalho prisional para o desenvolvimento do detento está no fato de que aumenta a empregabilidade deste ao sair da prisão.

O que mais afasta o egresso do crime é o sentimento de ser útil à sociedade. Conforme dizeres de Costa (1998, p. 76)

> A melhoria das condições de higiene, um rendimento mensal, o sentimento de ser útil à sociedade, a gratidão da família pelo fato de o detento estar contribuindo para o seu sustento e, ao mesmo tempo, demonstrando uma notória vontade de mudar de rumo, são aspectos potencializados pelo trabalho, que acabam por influir diretamente na qualidade de vida do detento.

Não resta outra opção senão a de preparar o preso para a realidade do mercado de trabalho, pois, se forem qualificados terão pelo menos a oportunidade de disputar em iguais condições as vagas do mercado de trabalho ou exercer uma atividade como autônomo. Não ocorrendo a qualificação teremos um forte candidato potencial à reincidência criminal e, nesse caso aumenta-se o número de marginais potenciais para o crescimento da criminalidade com prejuízos sociais e econômicos para a sociedade.

O sistema penitenciário no Brasil tem sido objeto de estudos e preocupação por toda a sociedade. Se de um lado somos a nação que mais prende no mundo, de outro, somos uma das mais violentas. Apesar disso, não há a efetivação de políticas públicas por parte do Estado. Estamos diante de verdadeiras falhas estruturais combinado com o vazio de políticas públicas eficientes.

Conforme consta no site <https://www.redebrasilatual.com.br/cidadania/2013/12/caos-em-penitenciarias-do-maranhao-e-resultado-de-anos-de-omissao-4520/>, o Ex-Ministro do STF Joaquim Barbosa, então Presidente do Cosnelho Nacional de Justiça (CNJ), afirmou que

> A grande dificuldade nessa área é que o Judiciário não tem poder de construir prisões, de melhorar prisões. Tudo isso é tarefa do Poder Executivo. O Poder Executivo pelo visto não tem interesse em nada disso. Eu acho que há exemplos no direito comparado que exigiriam uma ação bem mais enérgica e atenta por parte do Ministério Público. **Eu não entendo porque o Ministério Público não propõe ações de ordem coletiva para forçar os Executivos a investir.** (grifo nosso)

Se a atuação do Ministério Público é marcado pelo seu protagonismo na persecução penal, também é sua obrigação efetivar direitos para que a sociedade seja mais justa e fraterna. Cabe ao Ministério Público fazer algo para mudar a realidade vivida no ambiente prisional. Segundo Jappur (2011, p. 99), ou o Ministério Público faz algo para mudar essa realidade, ou se tem legitimação apenas para entrar nos estabelecimentos penais, fazer inspeções e pedir a interdição do estabelecimento quando este apresente irregularidades, e nada mais. Segundo ela, conforme for o entendimento esposado, frustrar-se-á a efetividade dos preceitos constitucionais que garantem a Dignidade da Pessoa Humana do preso e a finalidade da execução penal, produzindo consequências diretas na segurança pública.

A Lei Orgânica Nacional do Ministério Público (Lei n. 8.625/93) estabelece a legitimidade da Instituição em promover a ação civil pública visando à proteção e reparação de interesses difusos. Também Constituição do Estado do Tocantins, em seu artigo 50, § 4º, incisos III e VI, preconiza que

> § 4º. São funções institucionais do Ministério Público:
>
> [...}
>
> III - promover o inquérito civil e a ação civil pública para proteção do patrimônio público e social, do meio ambiente e de outros interesses difusos e coletivos;
>
> [...}
>
> VI - exercer o controle externo da atividade policial, na forma da lei complementar mencionada no § 2º deste artigo;
>
> [...}.

O artigo 144 da Constituição Federal de 1988 determina que a segurança pública é dever do Estado e um direito de todos, indistintamente. A correta aplicação da pena para aquele que foi condenado é questão relativa à segurança pública. Ademais, o direito segurança é um direito difuso, enquadrando-se no artigo 81, I, do Código de Defesa do Consumidor, aplicável à espécie por força do artigo 21 da Lei da Ação Civil Pública.

O Ministério Público, como guardião da defesa da ordem jurídica, do regime democrático e dos interesses sociais e individuais indisponíveis da sociedade, compete zelar pela fiel observância da Constituição e das leis, sendo a sua atuação legítima pela via da ação civil pública.

Por isso é que o Ministério Público tem o dever de agir, por meio do instrumento jurídico hábil da ação civil pública, para compelir o ente público responsável a implementar as políticas públicas no âmbito prisional. A omissão do Estado em gerar e efetivar as políticas públicas no sistema prisional para atender os direitos fundamentais dos presos, em respeito à dignidade da pessoa humana, deve ser combatido através da atuação firme do Órgão Ministerial. Isto é necessário até mesmo porque, segundo o artigo 5, inciso XXXV da CF/88, a lei não excluirá da apreciação do Poder Judiciário lesão ou ameaça a direito.

Moraes (2016, p. 323) leciona que

> A nosso sentir, não concretiza o interesse social apenas a atividade tradicional do promotor de Justiça: trabalho dedicado em dois turnos, realização de infinitas audiências, confecção de peças processuais de técnica e vernáculo irreprocháveis, sem que, para além do domínio formal de seu trabalho visível, o promotor conheça a realidade dos jurisdicionados e exerça uma atividade crítica, inclusive que lhe permita estabelecer prioridades, o que inclui uma análise séria e ao mesmo tempo sensível e humanística de situações formalmente típicas. E mais, o promotor de Justiça da contemporaneidade não pode se encastelar em seu posto; deve, antes, servir de vetor a contribuir para a integração das polícias e interferir, contribuindo com sua experiência e visão profissional, no processo de planejamento e execução de políticas de segurança pública. Para isso, deve estar disponível para o debate, nem sempre livre de divergências, com as demais instituições vinculadas à persecução penal - e mesmo vocacionado para fomentá-lo.

Lado outro, a Lei de Execuções Penais nos artigos 67 e 68 tratam as atribuições do Ministério Público na seara da execução penal. O artigo 67 preconiza que "O Ministério Público fiscalizará a execução da pena e da medida de segurança, oficiando no processo executivo e nos incidentes da execução". Já o artigo 68 preceitua as demais atribuições do *Parquet*, que são:

> I - fiscalizar a regularidade formal das guias de recolhimento e de internamento;
>
> II - requerer:

a) todas as providências necessárias ao desenvolvimento do processo executivo;

b) a instauração dos incidentes de excesso ou desvio de execução;

c) a aplicação de medida de segurança, bem como a substituição da pena por medida de segurança;

d) a revogação da medida de segurança;

e) a conversão de penas, a progressão ou regressão nos regimes e a revogação da suspensão condicional da pena e do livramento condicional;

f) a internação, a desinternação e o restabelecimento da situação anterior.

III - interpor recursos de decisões proferidas pela autoridade judiciária, durante a execução.

Parágrafo único. O órgão do Ministério Público visitará mensalmente os estabelecimentos penais, registrando a sua presença em livro próprio.

Basicamente temos atribuições podem ser separadas em dois grupos: 1) aquelas desenvolvidas no curso do processo executivo presidido pelo Juiz competente e 2) as atividades extraprocessuais desempenhadas em busca da correta execução da pena.

As atribuições do Ministério Público no processo de execução da pena, por força do artigo 67 da LEP é postular ao juízo sobre todas as medidas necessárias à regularidade da execução penal.

Já em relação às atribuições extraprocessuais, cabe o Ministério Público o dever de zelar pela integridade física e moral dos presos e promover a defesa e a garantia dos direitos humanos. Segundo Júnior (2010, p. 3), ganha importância o comparecimento mensal ao estabelecimento prisional como forma de prevenção do abuso de autoridade, tortura e outras formas de maus tratos que eventualmente possam ocorrer.

Júnior (2010, p. 3) ainda menciona que o Ministério Público também tem o dever de inspecionar os presídios, informando sobre a população carcerária, da capacidade do estabelecimento, das condições gerais das instalações, da qualidade e regularidade da alimentação e demais assistências devidas pelo Estado.

Portanto, a visita aos presídios deve ser feita de forma bastante acurada, pois os relatórios produzidos serão os instrumentos que lhe permitirá tomar as providências necessárias que o apenado tenha dignidade.

A Constituição Federal de 1988 deu ao Ministério Público uma gama imensa de atribuições, sendo que na sua atuação os membros da Instituição devem priorizar algumas delas, baseados em critérios e prioridades por eles próprios estabelecidos. Ademais, conforme Moraes (2016, p. 323),

> Quem tudo prioriza não prioriza nada. O oferecimento indiscriminado de denúncias, sob a égide acrítica da obrigatoriedade da ação penal, pode conduzir ao colapso da tramitação dos feitos, jogando em vala comum processos de crimes graves e de médio potencial ofensivo, que poderiam ser solucionados por outros critérios, inclusive por eventuais arquivamentos baseados em postulados de política criminal. Normalmente, as Corregedorias têm encontrado dificuldade de se posicionar nesse contexto, ora pelo desconforto de intrometer-se em área-fim congênita da independência funcional, ora pela aparente credibilidade social que decorre do apego à legalidade formal, mormente num ambiente de proliferação de programas e instrumentos midiáticos que se sustentam no espetáculo da criminalidade violenta.

O Promotor de Justiça não pode ser omisso, pois de sua atuação depende os direitos dos presos, devendo o mesmo, respeitadas as competências e atribuições, as medidas necessárias para a fiel observância dos direitos e das garantias dos presos.

Júnior (2010, p.4) aduz que este é o espírito que deve nortear a atuação do Ministério Público na seara da execução penal, pois é preciso que a atuação do Ministério Público seja voltada para uma solução penal mais adequada, justa e equilibrada, denotativa de que outras frentes podem e devem ser estabelecidas para o controle da criminalidade e do respeito á dignidade do preso.

Segundo Reck (2017, p. 27), a Lei de Execução Penal possui, em si, todos os recursos teóricos que seriam necessários para uma mudança na atual situação do sistema penitenciário. Ou seja, se utilizada de forma efetiva, com certeza proporcionaria benefícios significativos não apenas para os apenados, mas também para toda a sociedade.

Entretanto, a irresignação de José Pastore tem fundamento. Segundo Pastore (2001, p. 1),

> O Brasil não possui uma política explícita voltada para o trabalho prisional, apesar de inúmeros projetos que visam modificar a Lei da Execução Penal insistirem no trabalho com finalidade produtiva e educativa, devidamente remunerado, respeitada a vontade e a aptidão do preso.

No Brasil, há mais de 800 mil presos no país. Conforme dados do INFOPEN, em Junho de 2016, apenas 15% da população prisional estava envolvida em atividades laborais, internas e externas aos estabelecimentos penais, o que representa um total de 95.919 pessoas. As atividades exercidas pelos detentos estão concentradas basicamente em serviços de limpeza, de cozinha, pequenos reparos gerais, ou ainda em trabalhos com couro e vime, costuras de bolas de futebol e trabalho em móveis, todos em escalas insignificantes. O Estado de Minas Gerais destaca-se por apresentar o maior percentual de pessoas em atividades laborais no País, enquanto os estados da Paraíba, Ceará e Rio Grande do Norte apresentam os menores contingentes nacionais de pessoas trabalhando dentro do sistema prisional.

Nos países desenvolvidos os detentos são treinados para o exercício de modalidades de trabalho aceitas pelo mercado. Nos Estados Unidos, os presos são capacitados para trabalharem em organização de banco de dados, processamento de documentos para organizações governamentais, telemarketing e execução de serviços especializados em eletrônica para empresas que montam parte de suas fábricas dentro de prisões privadas.

No Brasil vivenciamos uma realidade totalmente diferente. São poucas as prisões que oferecem trabalho digno e que prepara o preso para sua vida em sociedade. Na maior parte das vezes, o trabalho realizado pelo apenado é enfadonho e insignificante.

Vejamos o quadro abaixo:

Tabela 02: Faixa etária das pessoas privadas de liberdade por Unidade da Federação

UF	18 a 24 anos	25 a 29 anos	30 a 34 anos	35 a 45 anos	46 a 60 anos	61 a 70 anos	Mais de 70 anos
AC	45%	25%	14%	13%	4%	1%	0%
AL	29%	31%	18%	15%	6%	1%	0%
AM	40%	24%	17%	15%	4%	0%	0%
AP	36%	24%	18%	18%	4%	0%	0%
BA	38%	23%	17%	16%	5%	1%	0%
CE	32%	24%	18%	18%	7%	1%	0%
DF	29%	24%	19%	21%	6%	1%	0%
ES	39%	25%	15%	15%	6%	1%	0%
GO	30%	30%	20%	13%	6%	1%	0%
MA	32%	27%	21%	14%	6%	1%	0%
MG	32%	25%	18%	18%	6%	1%	0%
MS	24%	23%	20%	23%	9%	1%	0%
MT	26%	29%	19%	18%	6%	1%	0%
PA	37%	28%	17%	12%	4%	1%	0%
PB	30%	27%	19%	16%	6%	1%	0%
PE	36%	25%	15%	13%	8%	2%	0%
PI	33%	24%	18%	17%	6%	1%	0%
PR	28%	26%	19%	18%	8%	1%	0%
RJ	37%	22%	15%	18%	7%	1%	0%
RN	37%	22%	14%	17%	6%	3%	2%
RO	28%	27%	22%	17%	6%	1%	0%
RR	28%	23%	19%	18%	9%	2%	0%
RS	25%	22%	21%	22%	8%	1%	0%
SC	23%	25%	21%	21%	9%	1%	0%
SE	36%	26%	16%	15%	6%	1%	0%
SP	28%	25%	20%	20%	7%	1%	0%
TO	39%	20%	18%	17%	5%	1%	0%
Brasil	30%	25%	19%	19%	7%	1%	0%

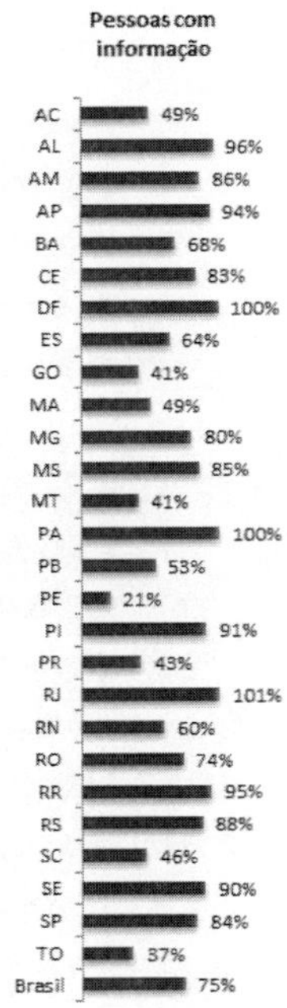

Fonte: Levantamento Nacional de Informações Penitenciárias - Infopen, Junho/2016.

No Estado do Tocantins, consta na tabela acima 711 detentos trabalhando, o que equivale a 21% da população prisional do Estado.

Já no gráfico abaixo consta a relação de presos que laboram em atividades internas e externa por Unidade Federativa

Gráfico 02: Pessoas em atividades laborais internas e externas por UF

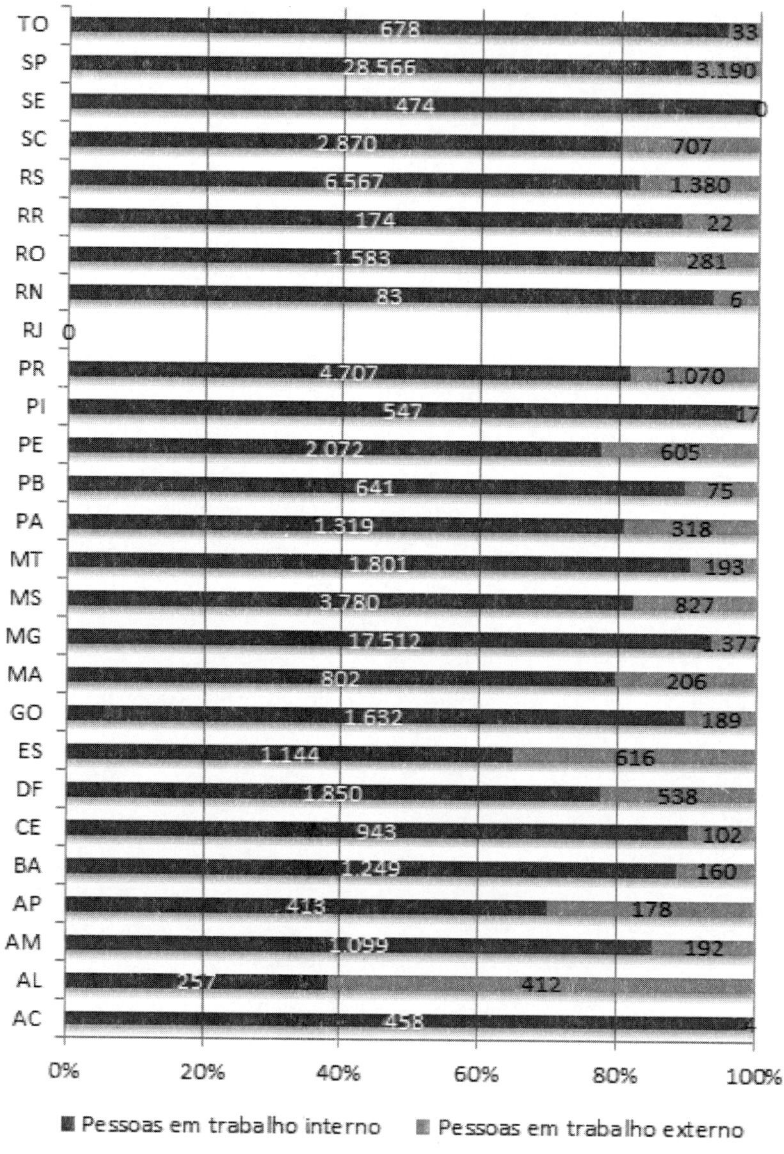

Fonte: Levantamento Nacional de Informações Penitenciárias - Infopen, Junho/2016.

Observa-se que, segundo o INFOPEN, no Estado do Tocantins, temos apenas 33 presos trabalhando externamente. Sabemos que a grande maioria restante estão cumprindo suas penas no interior dos presídios tocantinense, realizando trabalhos sem quaisquer aplicação prática.

Já os dados de *Business Intelligence* do CNMP (Sistema Prisional em Números) revelam que hoje Santa Catarina é o estado onde há mais internos trabalhando, mas com um número ainda considerado baixo: 30% do total. Já o Estado do Tocantins possui 3.961 presos dos sexo masculino, porém apenas 547 estão em trabalho interno. Já em relação às mulheres, há uma ocupação de 232, sendo que apenas 53 delas estão trabalhando no interior dos presídios tocantinense. Isso equivale a uma taxa de 13,81% em relação aos homens e 22,84% em relação às mulheres.

Em relação ao trabalho extra muros a situação piora. Apenas 126 homens e 14 mulheres realizam trabalho externo. O percentual de homens trabalhando fora do ambiente prisional é de 3,18% e o das mulheres é 6,03%.

Em relação ao trabalho remunerado, apenas 271 homens recebem algum tipo de remuneração. Já em relação às mulheres, apenas 12 tem o trabalho remunerado, perfazendo o percentual de 6.84% em relação aos homens e 5,17% em relação às mulheres.

Em relação à Comarca de Dianópolis verifica-se que não há nenhum preso trabalhando nem interna e nem externamente, segundo os dados do Sistema Prisional em Números do CNMP. Lógico e evidente que no interior da CPPD os presos fazem trabalhos de artesanato, porém tal atividade só é contada para fins de remição e não como trabalho propriamente dito.

Por fim, observa-se que há uma melhora entre os dados colhidos pelo Ministério Público comparados ao do INFOPEN. Isto se deve ao fato do Ministério Público brasileiro ter abraçado o Planejamento Estratégico institucional e aos Dez Princípios do Pacto Global da Organização das Nações Unidas, que falaremos no tópico abaixo.

4.1 Da atuação do MP em relação ao trabalho no âmbito prisional

Antes de falarmos sobre a atuação do Ministério Público no âmbito prisional, necessário tecermos algumas críticas.

Há uma grande parcela de responsabilidade do Ministério Público em relação ao caos que estamos vivenciando no sistema prisional. Alguns Promotores de Justiça insistem em prisões provisórias, bem como se omitem diante dos excessos e desvios que ocorrem no âmbito da execução penal. Além disso, o Ministério Público, dada sua relevância constitucional e institucional, deve assumir um protagonismo maior, responsabilizando os gestores responsáveis pela administração dos presídios, bem como diligenciar e efetivar o combate as organizações criminosas.

O Ministério Público tem que fazer valer a nossa Carta Magna. Através da aplicação da norma constitucional, cabe à nobre Instituição Ministerial exigir que o gestor cumpra o que está preconizado na Lei de Execução Penal. Se nada for feito, pelo simples argumento de que o Estado não tem verbas, seria aceitar que nossa Constituição é apenas uma folha de papel. Devido á falta de gestão do Estado brasileiro, muitas normas constitucionais, apesar de constarem na Constituição, não foram escritas para serem cumpridas.

Não adianta um Ministério Público acovardado diante do estado de coisa inconstitucional. Para defender os interesses do povo, deve o membro do Ministério Público atuar de forma corajosa e independente, pois triste é a nação em que o fiscal da lei não se curva ao império da cidadania.

Ritt (2002, p. 145), afirma que ao Ministério Público foi delegada a responsabilidade de possibilitar o acesso à justiça, a proteção aos direitos fundamentais, assim como a proteção e a manutenção do regime democrático. Para o autor, o Ministério Público brasileiro possui atribuições especiais que o tornam o órgão que fiscaliza os demais órgãos públicos para que cumpram os preceitos constitucionais. Considera, ainda, que o Ministério Público possui parcela de soberania do Estado por ser, a exemplo, o titular exclusivo da ação penal pública. Entretanto, nada disso terá importância se os membros da Instituição não fazer valer o que consta na Carta Magna de 1988 (RITT, 2002, p. 151).

Pois bem!

O Decreto nº 9.450, de 24 de julho de 2018, instituiu a Política Nacional de Trabalho no âmbito do Sistema Prisional, voltada à ampliação e qualificação da oferta de vagas de trabalho, ao empreendedorismo e à formação profissional das pessoas presas e egressas do sistema prisional. Referido Decreto regulamentou o § 5º do artigo 40 da Lei n. 8.666, de 21 de junho de 1993, que regulamenta o disposto no inciso XXI do *caput* do artigo 37 da Constituição, instituindo normas para licitações e contratos da administração pública firmados pelo Poder Executivo federal.

Baseado nisso a Resolução nº 196, de 26 de março de 2019, do Conselho Nacional do Ministério Público, que alterou a Resolução CNMP nº 56, de 22 de junho de 2010, determina que

> A implementação da Política Nacional de Trabalho no âmbito do Sistema Prisional será fiscalizada pelo Ministério Público por meio da interação e da troca de informação entre os membros com atribuição para fiscalização do controle do sistema carcerário, com o objetivo de acompanhar as contratações públicas e fiscalizar a regularidade do desenvolvimento das condições de saúde e segurança no trabalho, com especial atenção ao cumprimento dos direitos trabalhistas, especialmente aqueles mencionados no artigo 7º do Decreto nº 9.450/2018. (artigo 1º-A – Resolução 56/2010).

Tudo isso visa garantir a efetivação dos direitos humanos no interior dos presídios. Também deve ser observado que o Supremo Tribunal Federal, por ocasião do julgamento da Medida Cautelar na ADPF 347, afirmou que,

> [...] presente quadro de violação massiva e persistente de direitos fundamentais, decorrente de falhas estruturais e falência de políticas públicas e **cuja modificação depende de medidas abrangentes de natureza normativa, administrativa e orçamentária,** deve o sistema penitenciário nacional ser caraterizado como estado de coisas inconstitucional (DJ de 19/2/2016) (grifo nosso).

Com isso, o Ministério Público deverá acompanhar e estimular de forma resolutiva a constituição e a implementação dos Planos Estaduais decorrentes da Política Nacional de Trabalho no âmbito do Sistema Prisional, em articulação com as secretarias responsáveis pela administração prisional e aquelas responsáveis pelas políticas de trabalho e educação.

A Política Nacional de Trabalho no âmbito do Sistema Prisional - Pnat, foi criada para permitir a inserção das pessoas privadas de liberdade e egressas do sistema prisional no mundo do trabalho e na geração de renda. Conforme consta em seu § 1º "A Pnat destina-se aos presos provisórios, às pessoas privadas de liberdade em cumprimento de pena no regime fechado, semiaberto e aberto e às pessoas egressas do sistema prisional".

O decreto esvazia a competência decisória dos órgãos e entidades autárquicas e fundacionais da esfera federal, dado que antecipa a deliberação e já ordena exigir da contratada o emprego de mão de obra formada por pessoas presas ou egressos do sistema prisional, em caso de contratação de serviços, inclusive os de engenharia, cujos valores anuais superem R$ 330 mil. O que deveria constar no decreto é que os egressos e os presos deveriam ter conhecimento ou experiência nas áreas que irão trabalhar.

No site <https://www.conjur.com.br/2018-ago-23/interesse-publico-decreto-945018-transfere-onus-estado-iniciativa-privada>, Fortini faz uma observação pertinente:

> Se o Estado não cuida de qualificar os presos, porque sequer lhes garante o básico, é curioso que decida transportar o ônus para a iniciativa privada, a quem competirá treiná-los se não se quiser cogitar do emprego de pessoal despreparado para as missões que lhes forem destinadas, o que antagonizaria com o interesse público.

Conforme consta no artigo1º, § 3º do Decreto nº 9450/2018,

> Para a execução da Pnat, poderão ser firmados convênios ou instrumentos de cooperação técnica da União com o Poder Judiciário, Ministério Público, organismos internacionais, federações sindicais, sindicatos, organizações da sociedade civil e outras entidades e empresas privadas.

Algumas parcerias de sucesso estão sendo realizadas. O Ministério Público do Estado de Goiás fez parceria com a Agência Goiana do Sistema de Execução Penal – AGSEP – e entidades de assistência aos presos, com a finalidade de oferecer oportunidades de trabalho remunerado às pessoas presas (pré-egressos). A AGSEP tem como principal objetivo disponibilizar, ao privado de liberdade, as condições necessárias à reinserção no convívio social por meio de atividades laborais e socioeducativas, garantindo uma execução penal com segurança e humanização e, por consequência, buscando a redução da reincidência criminal. Atualmente, a AGSEP tem a tutela de 9.346 presos do Estado de Goiás, compreendendo 78 unidades prisionais, dos quais 29% (2.720) desenvolvem alguma atividade laboral. Mais de 150 empresas e particulares empregam presos no Estado de Goiás.

Em parceria com a Organização das Voluntárias de Goiás - OVG - na contratação de vinte reeducandos dos regimes fechados e semiaberto do Complexo Prisional de Aparecida de Goiânia para trabalharem na fabricação mensal de 250 cadeiras de rodas, modelo hospitalar, que são doadas para hospitais e entidades filantrópicas conveniadas.

Parceria com a Agência Goiana de Habitação - AGHAB - prevê a contratação inicial de 75 reeducandos do regime semiaberto para trabalharem na construção de casas populares no Estado de Goiás. Parceria com a Agência Goiana de Esportes e Lazer e o Ministério do Esporte. São confeccionadas bolas, redes e uniformes destinados ao incentivo aos esportes. Foram contratados, ainda, 26 reeducandos do regime semiaberto na prestação de serviços de manutenção do gramado do estádio Serra Dourada e do Autódromo Internacional de Goiânia. Os presos recebem salário e remissão de pena. Tribunal de Justiça, parceria na contratação de cinquenta reeducandos do regime semiaberto para prestação de serviços gerais.

Parcerias com SENAI, EMATER, SENAR, SESI, para ministrar cursos básicos de pedreiro, pintor, eletricista e encanador. **Depois os presos do regime semiaberto são empregados nos canteiros de obras de empresas parceiras.**

Novos ventos sopram sobre a execução penal. Parece que as palavras de Beccaria estão sensibilizando os corações das pessoas de boa vontade! Há uma preocupação constante do Ministério Público com a ressocialização do preso através do trabalho digno. As diretrizes utilizadas pelo Ministério Público estão alinhadas ao Planejamento Estratégico institucional e aos Dez Princípios do Pacto Global da Organização das Nações Unidas. O Pacto Global é uma iniciativa desenvolvida mediante ações conjuntas para mobilizar a comunidade empresarial a adotar valores aceitos fundamentalmente e internacionalmente nas áreas de direitos humanos em suas práticas de negócios e relações de trabalho. Os signatários do Pacto descrevem os direitos humanos e o trabalho como temas, dentre outros, para serem efetivados internamente. Assim, inserido nesse contexto mundial, o Ministério Público brasileiro direciona a cidadania para a população carcerária, com um conceito diferenciado, consubstanciado em sua construção por meio da ressocialização dos presos (NERY JÚNIOR, 2011. p. 25).

4.2 Exemplos de trabalhos práticos que estão sendo realizados no Estado do Tocantins

No Estado do Tocantins foi criada a Gerência de Reintegração Social, Trabalho e Renda ao Preso e Egresso, que tem por finalidade analisar, propor, coordenar e assessorar ações, planos, projetos e programas que visem à profissionalização do preso e do egresso, estimulando sua reintegração no mundo do trabalho.

O objetivo principal da Gerência é a retirada dos apenados do ciclo criminoso, bem como sua readaptação e melhor convivência em meio a sociedade extramuros, promovendo ações que possibilitem a profissionalização, a produção, a renda ou mesmo sua inserção no mercado de trabalho.

Alguns projetos estão sendo implementados pela Gerência de Reintegração Social, Trabalho e Renda ao Preso e Egresso, sendo que dentre eles sobressai os seguintes:

a) Arte que Faz Crescer

Este projeto é voltado à capacitação profissional das pessoas privadas de liberdade e egressos do Sistema Penitenciário do Estado através do Artesanato (afins) e costura.

No primeiro semestre de 2019 o projeto formou 21 reeducandas.

Figura 01: Execução da Oficina de Artesanato na URSA Feminina - Palmas.

Fonte: Gerência de Reintegração Social, Trabalho e Renda ao Preso e Egresso - 2019

Figura 02: Produto produzido na Oficina de Artesanato da URSA - Palmas.

Fonte: Gerência de Reintegração Social, Trabalho e Renda ao Preso e Egresso - 2019

b) Bazar para Recomeçar

É um projeto voltado à exposição e venda dos artesanatos produzidos nas Unidades Prisionais nas Feiras da 304 sul e do Bosque em Palmas. Referido projeto temo objetivo de proporcionar renda ao preso, sendo repassado a ele parte da venda dos produtos.

Figura 03: Exposição de artesanatos na Feira do Bosque – Palmas.

Fonte: Gerência de Reintegração Social, Trabalho e Renda ao Preso e Egresso - 2019

Figura 04: Exposição de artesanatos na Feira da 304 sul – Palmas.

Fonte: Gerência de Reintegração Social, Trabalho e Renda ao Preso e Egresso - 2019

Figura 05: Exposição de Artesanato no Hall de entrada da OAB em evento sobre o Sistema Prisional

Fonte: Gerência de Reintegração Social, Trabalho e Renda ao Preso e Egresso - 2019

Figura 06: Exposição de Artesanato no Hall de entrada do auditório do Palácio do Araguaia em evento sobre o Sistema Prisional

Fonte: Gerência de Reintegração Social, Trabalho e Renda ao Preso e Egresso - 2019

c) Fábrica de Sabão

Este projeto propõe a implantação de uma fábrica de sabão ecológico, no formato de economia solidária, sendo produzido através do óleo utilizado por fábricas de alimentos como bares, restaurantes e lanchonetes, antes descartados, se transformando em sabão ecológico.

d) Capacitação Continuada

Voltada às pessoas privadas de liberdade do Sistema Penitenciário do Estado através de Cursos Profissionalizantes, Cursos de Geração de Renda e Cursos de Capacitação Profissional. Este projeto pretende, em 2019, atingir as Unidades Prisionais que ainda não foram contempladas, sendo que em pouco tempo se entenderá a todo o Estado do Tocantins.

e) Ativação das oficinas permanentes

Executar e garantir efetividade das oficinas de produção de blocos e artefatos de concreto por meio de parceria (Acordo de Cooperação Técnica/convênio) entre a Secretaria de Cidadania e Justiça, o Sistema de Justiça, Organizações da Sociedade Civil e Prefeituras Municipais.

Figura 07: Fotos da reunião com a prefeitura de Porto Nacional e Cariri, respectivamente, para articular a ativação da Oficina de Produção de Blocos e Artefatos de Concreto.

Fonte: Gerência de Reintegração Social, Trabalho e Renda ao Preso e Egresso - 2019

f) Revitalização e Limpeza dos espaços públicos

Colocação de pessoas em cumprimento de pena no regime aberto, em atividades do nível fundamental na função de Auxiliar de Serviços Gerais.

Referido projeto será realizado através do emprego da força de trabalho por meio de contrato temporário de um ano para atividades de prestação de serviços públicos áreas de auxiliar de serviços gerais de infraestrutura, almoxarifado, limpeza, jardinagem e manutenção em geral, respeitados os regulamentos do serviço.

Figura 08: Assinatura do Termo aditivo do Acordo de Cooperação Técnica.

Fonte: Gerência de Reintegração Social, Trabalho e Renda ao Preso e Egresso - 2019

g) Corte e Costura

Este projeto pretende a ativação da oficina de corte e costura localizada na estrutura da Gerência de Trabalho e Renda no segundo semestre de 2019.

Deve ser mencionado, ainda que na área de Panificação e Confeitaria, foram capacitados 58 reeducandos da Unidade de Tratamento Penal Barra da Grota.

h) Máscaras artesanais confeccionadas por encarcerados da CPP de Palmas na luta contra o COVID-19.

É sabido de todos que estamos diante da pandemia do novo coronavírus. Os Entes Estatais, bem como toda a população mundial, têm adotados medidas para prevenir e conter o coronavírus, bem como tratar as pessoas que tenham sido contaminadas. São medidas necessárias, duras, no sentido de evitar a propagação dessa terrível doença.

Também conhecida como COVID-19, o Coronavírus é uma família de vírus que causam infecções respiratórias. O novo agente do coronavírus foi descoberto em 31/12/19, após casos registrados na China e provoca a doença chamada de coronavírus. Apesar de inúmeras críticas ao sistema prisional, mesmo na pandemia do covid-19, o sistema não pode parar. O que é pior: as prisões acabam se tornando verdadeiras incubadoras de doenças.

A deficiência da ventilação e insalubridade facilita a proliferação das doenças no interior dos presídios. Isso sem falar do baixo teor nutritivo da alimentação, o sedentarismo, as agressões, etc. Tudo isso formam um coquetel de condições perfeitas para a doença tenha uma alta taxa de disseminação entre os detentos.

Apesar de todos esses problemas, o sistema penitenciário, notadamente o do Estado do Tocantins, tem auxiliado no limite de suas possibilidades as ações de prevenção contra o coronavírus. Para se ter um exemplo, a Casa de Prisão Provisória (CPP) de Palmas iniciou a produção de máscaras artesanais. Esta é mais uma ação de prevenção e combate ao novo Coronavírus. As primeiras 1.000 máscaras artesanais produzidas distribuídas à população carcerária e aos servidores do Sistema Penitenciário tocantinense. As peças produzidas na unidade prisional são de boa qualidade. Confeccionadas com meltbow, um tecido filtrante, encapado por TNT médico-odonto-hospitalar, conforme orienta a Resolução RDC nº 356, publicada no dia 23/03/2020, da Agência Nacional de Vigilância Sanitária que dispõe sobre os requisitos para a fabricação. A unidade fabril montada no interior da CPP de Palmas tem capacidade para produzir 30 mil máscaras faciais artesanais.

Além de servir para remição da pena, o objetivo da Secretaria de Cidadania e Justiça do Estado do Tocantins é aumentar a produção de máscaras durante a pandemia, e após isso, transformar a unidade fabril da CPP em uma fábrica de confecção de uniformes e peças que possam servir dentro da própria gestão da unidade.

A finalidade da ação de prevenção, além de contribuir na luta contra o novo coronavírus, é ajudar o preso na sua reinserção social. O preso deve ser visto não apenas como aquele que infringiu a lei, mas como aquele que quer voltar para o seio da comunidade totalmente transformado.

Figura 09: Detentos da CPP confeccionando máscaras artesanais.

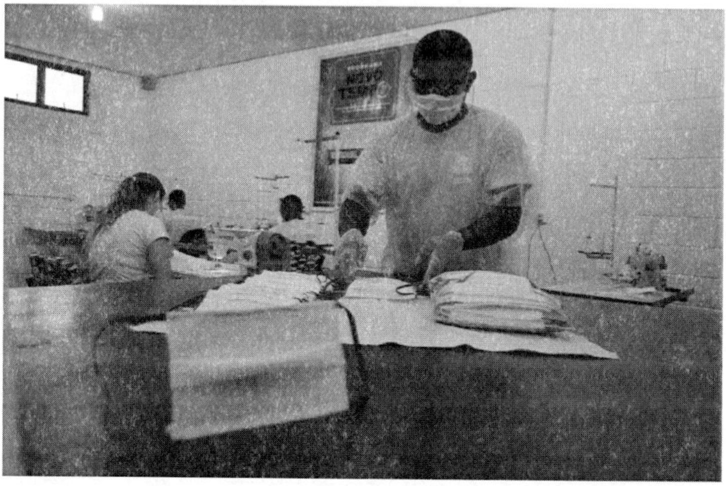

Fonte: Gerência de Reintegração Social, Trabalho e Renda ao Preso e Egresso - 2020

Figura 10: Solenidade de abertura do curso.

Fonte: Gerência de Reintegração Social, Trabalho e Renda ao Preso e Egresso - 2019

Figura 11 Solenidade de encerramento do curso.

Fonte:Rondinele Alves Lima, Chefe da Casa de Prisão provisória de Dianópolis (CPPD).

Foram também realizados, no primeiro semestre de 2019, os Cursos de Formação Inicial e Continuada (FIC) do Pronatec (Programa Nacional de Acesso ao Ensino Técnico e Emprego).

Tabela 03: Quantidade de reeducandos que concluíram o curso do Pronatec

NOME DO CURSO	UNIDADE PRISIONAL	Nº DE REEDUCANDO QUE CONCLUIRAM O CURSO
AGENTE DE PROJETOS SOCIAIS	Casa de Prisão Provisória de Araguaína	9
MAQUIADOR	Unidade Prisional Feminina Babaçulândia	3
PEDREIRO DE ALVENARIA	Centro de Reeducação Social Luz do Amanhã Cariri	2
PINTOR DE OBRAS IMOBILIÁRIA	Casa de Prisão Provisória de Gurupi	3

MAQUIADOR	Unidade Prisional Feminina de Lajeado	2
PINTOR DE OBRAS IMOBILIÁRIA	Cadeia Pública Miracema do Tocantins	5
GESTOR DE MICRO EMPRESA	GETAPE	11
PADEIRO	Casa de Prisão Provisória de Palmas	4
PINTOR DE OBRAS IMOBILIÁRIA	GETAPE	4
AGENTE DE COOPERATIVISTA	Unidade Prisional Feminina de Palmas	5
ASSISTENTE DE PLANEJAMENTO, PROGRAMAÇÃO E CONTROLE DE PRODUÇÃO	Casa de Prisão Provisória de Porto Nacional	11
MAQUIADOR	Unidade Prisional Feminina de Pedro Afonso	3

Fonte: Gerência de Reintegração Social, Trabalho e Renda ao Preso e Egresso - 2019

Se no primeiro semestre de 2019 foram capacitados 62 detentos, no segundo semestre de 2019 serão ofertadas 240 vagas para o Pronatec, conforme quadro abaixo:

Tabela 04: Vagas do Pronatec para o segundo semestre de 2019

VAGAS	UNIDADE PRISIONAL	MUNICÍPIO	NOME DO CURSO
15	UTPBG	Araguaína	Eletricista Instalador de Baixa Tensão
20	UTPBG	Araguaína	Recepcionista
15	CPP	Araguaína	Eletricista Instalador de Baixa Tensão

15	CP	Araguatins	Microempreendedor Individual (Mei)
15	UPF	Babaçulândia	Recepcionista
15	CP	Barrolândia	Pedreiro de Alvenaria
15	CRSLA	Cariri	Pedreiro de Alvenaria
15	CP	Colmeía	Eletricista Instalador de Baixa Tensão
15	CP	Guaraí	Pintor de Obras Imobiliárias
15	NCCPP	Palmas	Artesão de Bordado a Mão
15	CP	Augustinópolis	Barbeiro
15	CFPTP	Palmas	Assistente de Costura
15	CFPTP	Palmas	Serralheiro de Materiais Ferrosos
20	CFPTP	Palmas	Pedreiro de Alvenaria
20	CFPTP	Palmas	Artesão de Biojoias

Fonte: Gerência de Reintegração Social, Trabalho e Renda ao Preso e Egresso - 2019

Conforme se observa nas tabelas acima, aumentaram o número de vagas para os cursos, bem como foram estendidos a várias unidades prisionais localizadas no interior do Estado.

4.3 Exemplos de trabalhos práticos que estão sendo realizados na comarca de Dianópolis

A Casa de Prisão Provisória de Dianópolis (CPPD) atende atualmente às Comarcas de Dianópolis e Almas, com abrangência de 6 municípios, sendo eles Dianópolis, Taipas do Tocantins, Novo Jardim, Rio da Conceição, Almas e Porto Alegre do Tocantins. A referida unidade prisional encontra-se há anos com superlotação, abrigando em média o triplo de presos da sua capacidade.

Em toda a sua existência, a unidade prisional abriga reeducandos já condenados sem que possam efetivamente trabalhar e que o trabalho representa verdadeira ferramenta ressocializadora do preso à sociedade.

A parceria entre os poderes e sociedade civil organizada é crucial para melhoria do sistema prisional e levar mais dignidade ao preso

A CPP de Dianópolis possui atualmente seis celas com capacidade legal para custodiar 30 reeducandos.

a) Construção de duas celas na CPPD

Foi realizada uma reforma da Casa de Prisão Provisória de Dianópolis, bem como foi feita a ampliação da mesma, com uso de verbas depositadas em juízo oriundas de prestação pecuniária.

Além das verbas oriundas de prestações pecuniárias, a obra contou com verbas oriundas da sociedade civil organizada, trazidas pelo Conselho da Comunidade. O trabalho do preso, que obteve remissão pelo trabalho, sem que isso configure relação de trabalho, foi preponderante no cumprimento da construção, sendo que o projeto elétrico foi executado por profissionais da própria Secretaria da Cidadania e Justiça.

Os recursos decorrentes de prestações pecuniárias *são públicos*, e o seu manejo e destinação foram norteados pelos princípios constitucionais da Administração Pública, previstos, dentre outros dispositivos, no artigo 37, caput, da Constituição da República, sem se olvidar da indispensável e formal prestação de contas perante a unidade gestora, sob pena de responsabilidade, sendo assegurada a publicidade e a transparência na destinação dos recursos, conforme previsto no artigo 4º da Resolução nº 154, do CNJ. (artigo 10, § 1º, Provimento nº 15, de 2012).

A compra dos materiais e contratação de terceirizados, foram apresentados, no mínimo, por 3 (três) orçamentos e que todos os pagamentos foram realizados através der Alvará Judicial, após parecer do Conselho da Comunidade e Ministério Público.

A obra consiste na construção de duas celas, com capacidade para 12 reeducandos cada com a nova estrutura comportará mais 24 apenados, totalizando 54 vagas legais.

Figura 12: Construção de 2 celas na CPPD

Fonte: Rondinele Alves Lima, Chefe da Casa de Prisão provisória de Dianópolis (CPPD).

b) Construção de galpão para Fábrica de Artefatos de Concreto

Com verbas oriundas de prestações pecuniárias está sendo construído um galpão onde os detentos trabalharão na fabricação de blocos de concreto. O contrato da obra, aprovado pelo Estado por estar em conformidade com valores previstos pela Caixa Econômica Federal, foi firmado pelo Conselho da Comunidade de Dianópolis com a empresa responsável, que, pelo acordado, terá que contratar pelo menos cinco presos da CPP para trabalhar na obra. Pelo acordo, a cada medição da obra que o Estado realiza, o magistrado abre para a análise do Conselho da Comunidade e do Ministério Público (MPE), para posterior liberação do dinheiro para a empresa.

Na Comarca de Dianópolis, desde 2013 é aplicado pena de prestação pecuniária a réus por crimes menos graves, tais como porte ilegal de arma de fogo, embriagues ao volante, etc., cujos processos ficam suspensos e são extintos na sequência, em caso de cumprimento da determinação judicial. Depositada em conta específica, os valores da prestação pecuniária são destinados à Casa de Prisão Provisória de Dianópolis. São recursos da própria comunidade que já permitiram a construção da estrutura do banho de sol, o reforço de todas as grades das celas e a implantação do monitoramento eletrônico com câmeras em toda a CPP.

A fábrica de artefatos de concreto é composta de vários equipamentos, tais como máquina manual, triturador de blocos, betoneiras, kit de formas, entre outros. Servirá para a implantação de Oficinas de Capacitação Permanente dentro da CPPD, com o objetivo de formar, qualificar e empregar as pessoas privadas de liberdade.

O Ministério Público, bem como o Conselho da Comunidade buscará parceria com a Prefeitura Municipal para que os blocos de concretos produzidos na futura fábrica sejam utilizados no calçamento de ruas e em obras dos Municípios que são atendidos pela CPPD.

Figura 13: Parte externa do Galpão.

Fonte: Casa de prisão provisória de Dianópolis - 2019

c) Horta orgânica - Projeto "Plantando um Futuro"

Projeto que incentivará o cultivo de hortas orgânicas na CPPD. As hortaliças serão consumidas na própria unidade prisional ou enviadas para doação a instituições de caridade. Tal projeto receberá orientações do Magistrado Titular da Vara Criminal de Dianópolis, Dr *Baldur Rocha Giovannini*, que também é biólogo.

O objetivo do projeto é colocar os recuperandos em contato com as características do ambiente, despertando-os para um manejo correto da produção, bem como propiciar o acesso a tecnologias simples de produção de alimento.

5

CONSIDERAÇÕES FINAIS

O trabalho buscou demonstrar que a situação carcerária brasileira está um verdadeiro caos, havendo descumprimento dos direitos fundamentais dos seres humanos, sendo afrontados os artigos elencados na Constituição Federal e Declaração Universal dos Direitos Humanos e demais legislações. Vários problemas são apresentados. Nossas prisões estão superlotadas, os presos estão ociosos, sendo que dificilmente exercem o trabalho e quando o fazem recebem baixa remuneração. Além disso, devido á omissão do Estado, o crime organizado tomou conta dos presídios através das facções criminosas.

Para piorar o quadro já caótico, deve ser mencionado, ainda, que para confeccionar o trabalho artesanal, os apenados fazem uso de agulhas, utilizam a lâmina de barbear como instrumento cortante, bem como o palito de dente para a perfuração. Em algumas rebeliões ocorridas ultimamente no Brasil, tudo começou com alguns destes instrumentos.

O Ministério Público necessita ter, tanto na seara processual quanto no extraprocessual, instrumentos e/ou meios capazes e suficientes para concretizar o princípio da dignidade da pessoa humana, fazendo com que nossas prisões deixem de ser a faculdade do crime. Infelizmente o Brasil não possui uma política explícita voltada para o trabalho prisional, com finalidade produtiva e educativa, devidamente remunerado, respeitada a vontade e a aptidão do preso. O próprio STF já reconheceu a legitimidade de o Poder Judiciário intervir nos casos de violação massiva de direitos fundamentais, com o uso da lei para obrigar o Poder Executivo a cumprir os preceitos para a tutela da pessoa humana. Cabe ao Ministério Público exigir o cumprimento da lei.

Ademais, ao declarar a existência de um estado de coisas inconstitucional, o STF reconheceu expressamente a existência graves e sistemáticas violações de direitos fundamentais da população carcerária. Cabe ao Ministério Público propor soluções e a implementação de medidas estruturais que modifiquem as graves inconstitucionalidades que atingem seriamente a dignidade humana dentro das penitenciárias.

A atuação do Ministério Público em relação ao trabalho prisional ainda é pequena. Percebe-se que, não raras vezes, os Promotores de Justiça estão preocupados apenas com a acusação, esquecendo-se da correta aplicação da lei, como se a observância dos princípios constitucionais não vinculasse a atuação de todos.

A defesa do direito do preso ao trabalho digno e significativo é um dos temas relacionados a uma perfeita atuação do Ministério Público. Entretanto, a tarefa não é simples! Isto porque a história do Ministério Público encontra-se fortemente marcada pela postura acusatória, punitiva e perseguidora, sob o enfoque primitivo de defensor da sociedade no sentido de condenar e prender o agente que era o criminoso. Agora, na execução penal, a sua missão caminha em sentido inverso daquele historicamente percorrido. Busca-se aqui recuperar o infrator para amanhã devolvê-lo à sociedade, como pessoa capaz de desempenhar função útil à coletividade, assegurando, desta forma, através de um processo ressocializador, a implementação dos Direitos Humanos do encarcerado e a segurança futura da própria coletividade.

Embora deixado de lado pelos gestores públicos, o trabalho penitenciário é uma das peças essências da transformação e socialização dos presos. Com tanta relevância, não basta apenas uma construção teórica. Precisa ser implantado urgentemente em nossas prisões. Não adianta o preso retornar ao convívio da sociedade, chegando pior do que quando saiu, visto que nada aprendeu na prisão.

O Estado deve buscar mecanismos que possam ser utilizados na tentativa de ressocializar o preso, e um desses principais mecanismos, talvez o mais eficiente, é o trabalho, previsto na própria Lei de Execução Penal, mas que, no entanto, raramente é cumprido. O que se vê no interior das prisões é de ociosidade dos internos, o que fomenta brigas e rebeliões. Após o cumprimento da pena deve ser oportunizado ao detento possibilidades de manter a si e a sua família.

Se inicialmente o trabalho penitenciário estava relacionado à ideia de castigo e vingança, com a evolução da história passou a ser entendido como disciplinador e pedagógico. Os trabalhos, que eram forçados, deram lugar ao trabalho digno e motivador, capaz de gerar a reabilitação, com a finalidade de reinserir o condenado na sua comunidade. A partir do trabalho dentro das prisões, os detentos passam a acreditar mais neles mesmos, preparando assim para o convívio em sociedade.

As atividades exercidas pelos detentos dentro do sistema prisional não configuram uma atividade capaz de formar indivíduos preparados para retornar ao convívio social, pois eles não são educados para adquirir conhecimento técnico necessário à reinserção social. É preciso reorganizar a forma de aplicação do trabalho, devendo além de ocupar o tempo ocioso, preparar e oportunizar esses sujeitos para escolhas mais conscientes e transformadoras. Preparar o apenado para o mercado de trabalho.

Deve ficar bem claro que o trabalho prisional não só preparam o preso para sua vida extra muros, mas também o ajuda durante o cumprimento da pena. O trabalho digno cria no interior da consciência do preso uma aceitação da pena e disciplina o seu comportamento. Trabalhando junto a outros presos, o apenado acaba criando laços sociais de convivência, amizade e respeito, adquirindo, assim respeito perante os outros presos. Trabalho digno é o alicerce para a construção da dignidade do preso.

Contudo, diante da realidade existente em nossos presídios, não está sendo proporcionado ao preso um trabalho digno. Desse modo, o trabalho penitenciário está sendo inútil do ponto de vista de sua capacidade ressocializadora. A realização de movimentos repetitivos e enfadonhos pode até excluir a agitação do preso e facilitar a disciplina, podendo transformar o detento em máquina, porém em nada ajuda na ressocialização. O efeito pode até ser o contrário: na ânsia de querer encontrar um meio de escapar da disciplina e das regras, o preso acaba se envolvendo em rebeliões.

Para que ocorra a recuperação do preso através do trabalho, o tipo de atividade exercida é um fator preponderante. Quem trabalha na seara da execução penal sabe que o trabalho enfadonho e alienante mais enerva do que acalma os presos e instigam a reincidência dos criminosos. Para que surta os efeitos desejados pela sociedade, o trabalho prisional deve vir acompanhado de formação profissional. O preso deve aprender e trabalhar dentro das prisões nas atividades que o mercado de trabalho exige.

Ademais, o trabalho que acalma o interior das prisões e eleva a auto estima, dando respeito aos presos perante seus colegas de cela é o trabalho digno e prático. Todos sabemos que capacitar os presos sai caro, entretanto, capacitados eles têm melhores chances de enfrentar um mercado de trabalho que está em constante evolução. Já passou da hora do Estado efetivar no interior das prisões o trabalho baseado numa formação profissional que capacite o preso, O trabalho só ajuda quando acompanhado de formação profissional de boa qualidade.

Este trabalho nos deu uma certeza: o Ministério Público deve atuar exigindo que os gestores efetivem políticas públicas para proporcionar trabalho digno ao preso, a fim de que o mesmo possa ser reinserido no seio de sua família e de sua comunidade. Cabe aos membros do Ministério Público deixarem seus gabinetes e junto à sociedade civil organizada propor projetos que preparam o detento para o trabalho a ser exercido quando estiver no seio da sociedade.

Por fim, espera-se que os temas relacionados ao trabalho prisional sejam amplamente discutidos pelos poderes constituídos e pela sociedade, pois constata-se que a realidade dos detentos se agrava ainda mais, visto que a sociedade que os encarcerou, após cumprida a pena, não deseja recebê-los de volta.

6

REFERÊNCIAS BIBLIOGRÁFICAS

ABDALA, Vitor. **Ex-presos dizem que trabalhar é fundamental para recomeçar**. Disponível no site <http://agenciabrasil.ebc.com.br/direitos-humanos/noticia/2015-04/ex-presos-dizem-que-trabalhar-e-fundamental-para-recomecar. Acesso em 23 jun. 2019.

ALVIM, Rui Carlos Machado. **O trabalho penitenciário e os direitos sociais.** São Paulo: Atlas, 1991.

ALVIM. op. cit., p. 82. 29 PADUANI, Célio César. **Da remição na Lei de Execução Penal**. Belo Horizonte: Del Rey, 2002.

AMORIM, Carlos. **Comando Vermelho: a história secreta do crime organizado**. Rio de Janeiro: Record, 1993.

AVENA, Norberto. **Execução penal:** esquematizado. São Paulo: Método, 2014.

BARCELLOS, Rodrigo Alves. **O direito humano à água potável e a resolução de conflitos ambientais pelo ministério público.** Dissertação (Mestrado Profissional e Interdisciplinar em Prestação Jurisdicional e Direitos Humanos - Universidade Federal do Tocantins, Palmas, TO, 2017.

BAUMAN, Zygmunt. Modernidade líquida. Ed. Zahar, 2001.

BECCARIA, Cesare. **Dos delitos e das penas**. 3. ed. São Paulo: Martins Fontes, 2005.

BITENCOURT, Cezar Roberto. **Falência da pena de prisão:** causas e alternativas. 4. ed. São Paulo: Saraiva, 2011.

BRAGON, Rayder. **Prisões oferecem "passa-tempo" para preso, e não trabalho profissional, diz pesquisadora**. Disponível no site <https://noticias.uol.com.br/cotidiano/2008/11/14/ult5772u1517.jhtm>. Acesso em: 11 mai. 2019.

BRANT, Vinícius Caldeira. **O trabalho encarcerado.** Rio de Janeiro: Forense, 1994.

BRASIL. Decreto-Lei n. 2.848, de 7 de dezembro de 1940. **Institui o Código Penal.** Disponível em: Acesso em: 26 abr. 2010.

________. Constituição (1998). **Constituição da República Federativa do Brasil.** 43 ed. São Paulo: Saraiva. 2009, BRASIL. Constituição (1998).

________. Lei 7.210..., cit. 34 BRASIL. Constituição (1998).

BRITO, Alexis Couto de. **Execução penal.** 2. ed. São Paulo: Revista dos Tribunais, 2011.

CALDEIRA, Felipe Machado. **A evolução histórica, filosófica e teórica da pena**. Revista da EMERJ, Rio de Janeiro, nº45, v.12, 2009.

CAMPOS, Carlos Alexandre de Azevedo. Estado de coisas inconstitucional. 1ª ed. Salvador: JusPODIVM, 2016.

CAPEZ, Fernando. Direito Penal **Legislação penal especial**. 9. ed. São Paulo: Saraiva, 2014.

CARDOSO, Maria Cristina Vidal. A cidadania no contexto da Lei de *Execução Penal*: o (des)caminho da inclusão social do apenado no Sistema Penitenciário do Distrito Federal. Dissertação (Mestrado em Política Social - Universidade de Brasília, Brasília, DF, 2006.

CARVALHO, Salo de. **Antimanual de criminologia.** 2. ed. Rio de Janeiro: Lumen Juris, 2008.

CERVO, Amado L.; BERVIAN, Pedro A.; DA SILVA, Roberto. **Metodologia científica**. 6. ed. São Paulo: Pearson Prentice Hall, 2007.

CHIAVERINI, Tatiana. **Origem da pena de prisão.** Dissertação (Mestrado em Filosofia do Direito – Pontifícia Universidade Católica de São Paulo, São Paulo, 2009.

COSTA, Á. M. D. Pena Privativa de Liberdade (Passado, Presente e Futuro). **Revista da EMERJ.** Rio de Janeiro, n. v. 11, nº 44, p. 42-67, jan - jun 2008.

COSTA, Silvia Generalida; BRATKOWSKI, Pedro Luiz da Silva. **Paradoxos do trabalho prisional na era do capitalismo flexível:** o caso Detran – RS. Disponível em: Acesso em: 4 maio 2005.

COUTINHO, Aldacy Rachid. Trabalho e pena. **Revista da Faculdade de Direito da UFPR.** Vol. 32, 1999.

DIAZ, Jorge de Figueredo. **Questões fundamentais de direito penal revistadas.** São Paulo: Revista dos Tribunais, 1999.

FERNANDES, Newton. A falência do sistema prisional brasileiro. Rg Editores, 2000.

FERREIRA, Carlos Lélio Lauria. Subcultura carcerária. Boletim IBCCRIM. São Paulo. 1997, n. 58.

FORTINI, Cristiana. Decreto 9.450/18 transfere ônus do Estado para a iniciativa privada. Disponível em: <https://www.conjur.com.br/2018-ago-23/interesse-publico-decreto-945018-transfere-onus-estado-iniciativa-privada>. Acesso em: 31 ago 2019.

FOUCAULT, M. **Microfísica do poder.** São Paulo, Graal, 2006.

________, **Vigiar e punir:** nascimento da prisão. RAMALHETE, Raquel (trad.). Petrópolis, Vozes, 1987.

GAMA, Ricardo Rodrigues. **A prisão no Brasil.** Revista de Informação Legislativa Brasília, ano 34, nº 136 - outubro/dezembro 1997.

GARRIDO, Vicente; STANGELAND, Per; REDONDO, Santiago. **Princípios de criminologia**. Valencia: Tirant lo Blanch, 2001.

GOFFMAN, Erving. **Manicômios, prisões e conventos**. Ed. Perspectiva. São Paulo Brasil, 1974

GOMES, Fábio Rodrigues. **O direito fundamental ao trabalho**: perspectivas histórica, filosófica e dogmático-analitica. Rio de Janeiro: Lumen Juris, 2008.

GRECO, Rogério. **Curso de direito penal**: parte geral, volume I. 19. ed. Niterói, RJ: Impetus, 2017.

________, **Raio-X do sistema prisional brasileiro:** problemas e desafios. 2017. Disponível em <"https://pt.linkedin.com/pulse/rog%C3%A-9rio-greco-raio-x-do-sistema-prisional-brasileiro-problemas-nunes>. Acesso em 29 de abril de 2017.

HASSEMER, Winfried; MUÑOZ CONDE, Francisco. **Introducción a la criminología**. Valencia: Tirant lo Blanch, 2001.

HASSEN, M. N. A. **O trabalho e os dias:** ensaio antropológico sobre trabalho, crime e prisão. Porto Alegre: Tomo Editorial, 1999.

JAPPUR, Cynthia Feyh. O Ministério Público como garantidor do princípio da dignidade da pessoa humana na execução penal. **Revista do Ministério Público do RS.** Porto Alegre. n. 70. set. 2011 – dez. 2011.

JESUS, Damásio de. Manual de direito penal. Volume I. São Paulo: Atlas, 2004.

JULIÃO, Elionaldo F. Educação e trabalho como propostas políticas de execução penal. Alfabetização e Cidadania. Revista de Educação de Jovens e Adultos. N. 19. Brasília, 2006.

JUNIOR, Antônio de Padova Marchi. Do papel do Ministério Público na Execução Penal. Palestra proferida em 18.11.2010, durante o 3º Seminário sobre Política Criminal e Execução Penal.

JÚNIOR, Dirley da Cunha. **Curso de direito constitucional**. 3. ed. Salvador: Jus Podivm, 2009.

LEMGRUBER, Julita. Controle da criminalidade: mitos e fatos, São Paulo: Instituto Liberal, 2001.

LEMOS, Ana Margarete; MAZZILLI, Cláudio; KLERING, Luis Roque. **Análise do trabalho prisional:** um estudo exploratório. Revista de Administração Contemporânea. V.2, n. 3, Set/Dez.1998.

LIMA, Luís Eduardo Bomfim. O estado de coisas inconstitucional no contexto da crise carcerária brasileira. **Revista Jus Navigandi**, ISSN 1518-4862, Teresina, ano 24, n. 5771, 20 abr. 2019. Disponível em: https://jus.com.br/artigos/67628. Acesso em: 01 set. 2019.

MARCÃO, Renato. **Curso de execução penal.** 7. ed. São Paulo: Saraiva, 2009.

MARTINEZ, Wladimir Novaes. **A seguridade social na Constituição Federal.** 2. ed. São Paulo: LTr, 1992.

MARX, Karl. **O capital:** crítica da economia política: livro I, vol 1. Tradução de Reginaldo Sant'anna. - 16ª ed. – Rio de Janeiro: Civilização Brasileira, 1998.

_________, Karl. **O capital:** crítica da economia política: livro I, vol 2. Tradução de Reginaldo Sant'anna. - 17ª ed. – Rio de Janeiro: Civilização Brasileira, 2001.

_________, Karl. **Manuscritos económico-filosóficos.** Lisboa: Edições 70, 1993.

MASSON, Cleber. **Direito penal esquematizado:** parte geral. Vol.1. 9. ed. Rio de Janeiro: Forense; São Paulo: MÉTODO, 2015.

MELLO, Celso Antônio Bandeira de. **Conteúdo jurídico do princípio de igualdade**. 3. ed. 22. tiragem. São Paulo: Editora Malheiros, 2013.

MELLO, Helenória de Albuquerque. O Trabalho na prisão: um estudo no Instituto de Reeducação Penal Desembargador Sílvio Porto em João Pessoa – PB. Dissertação (Mestrado em Serviço Social – Universidade Federal da Paraíba, João Pessoa, PB, 2010.

MELLO, Renata. Educação e trabalho dentro dos presídios. **Revista Reação**. Vitória-ES, n. 3, maio 2005.

MIRABETE, Julio Fabbrini. **Execução penal.** 11. ed. São Paulo: Atlas, 2007.

_________, Julio Fabbrini. **Execução penal:** comentários à Lei n. 7.210, de 11-7-1984. 11. ed. São Paulo: Atlas, 2004.

__________, Júlio Fabrini. Manual de direito penal. 17. ed. São Paulo: Atlas, 2001.

MORAES, Rodrigo Iennaco de. Corregedoria e atuação do Ministério Público na área criminal. In: Revista jurídica Corregedoria Nacional: o papel constitucional das Corregedorias do Ministério Público. Vol. I, Cosnelho Nacional do Ministério Público. Bra´silia CNMP, 2016.

MORAES FILHO, Evaristo. **Temas atuais de trabalho e previdência**. São Paulo: LTr, 1975.

NADER, Paulo. **Introdução ao estudo do direito.** Rio de Janeiro: Forense, 2007.

NERY JÚNIOR, José Carlos Miranda. Cartilha Mão de Obra Carcerária: Orientações para Futuros Conveniados. Ministério Público, Goiânia/GO. 2011.

NICOLI, Pedro Augusto Gravatá. **Trabalho encarcerado e privatização dos presídios:** reflexões à luz da convenção 29 da OIT. CONPEDI, anais, Brasília, 2008.

NUNES, Rizzatto. **O princípio constitucional da dignidade da pessoa humana.** Doutrina e Jurisprudência. São Paulo: Saraiva, 2002.

OLIVEIRA, Laura Machado de. **O direito do trabalho penitenciário.** Rio de Janeiro. Ed. Lumen Juris, 2017.

OLIVEIRA, Odete Maria de. **Prisão:** um paradoxo social. 2 ed. Florianópolis: Editora UFSC, 2003.

ONU. **Regras mínimas para o tratamento de prisioneiros.** Versão oficial das nações unidas, em inglês, disponível em <http://zip.net/bvr5vq> ou <http://www.ohchr.org/en/professionalinterest/pages/treatmento-fpri soners.aspx>; acesso em 29 set. 2015.

PADUANI, Célio César. **Da remição na lei de execução penal.** Belo Horizonte: Del Rey, 2002.

PASTORE, José. Os limites do trabalho prisional. O Estado de S. Paulo, 2001. Disponível em: <http://www.josepastore.com.br/artigos/ac/ac_140.htm> Acesso em: 11 set. 2019.

PIERANGELI, José Henrique. **Lei de execuções penais:** retrospectiva e perspectiva. Revista IOB Direito Penal e Processo Penal. n.36, fev./mar. 2006

PORTO, Roberto. **Crime organizado e sistema prisional**. São Paulo: Atlas, 2007.

RAGO, L. M.; MOREIRA, E. F. P. **O que é taylorismo**. 5. ed. São Paulo: Brasiliense, 1984.

RECK, Eduardo Müller. **(Re) inserção social de egressos do sistema prisional**: Dificuldades E Alternativas. Dissertação (Mestrado em Filosofia do Direito – Universidade de Cruz Alta, Cruz Alta, RS, 2017.

REZENDE, I. **Humanização das prisões e penas alternativas.** Palestra proferida no 1°Congresso sobre Execução da Pena, Fortaleza-Ceará, 1997.

RIBEIRO, Ludmila Mendonça Lopes; CRUZ, Marcus Vinicius Gonçalves. **Trabalho prisional como política pública de recuperação do criminoso:** estudo de múltiplos casos em unidades penitenciárias de Minas Gerais – Brasil. Disponível em: <http://anpad.org.br/enanpad2002>. Acesso em: 06 set. 2019.

RITT, Eduardo. O Ministério Público como instrumento de democracia e garantia constitucional. Porto Alegre: Livraria do Advogado, 2002.

RODRIGUES, Anabela Miranda. **A posição jurídica do recluso na execução da pena privativa de liberdade:** seu fundamento e âmbito. São paulo. IBCRIM, 1999.

SANTOS, Juarez Cirino dos. **Manual de direito penal:** parte geral. 4. ed. São Paulo: Conceito Editorial, 2010.

SANTOS, Nelcyvan Jardim dos. **A ressocialização por meio da educação escolar no sistema penitenciário do tocantins:** um estudo de caso. Dissertação (Mestrado Profissional e Interdisciplinar em Prestação Jurisdicional e Direitos Humanos - Universidade Federal do Tocantins, Palmas, TO, 2016.

SÃO PAULO. Instituto de Defesa do Direito de Defesa. Propostas para reduzir a superlotação e melhorar o sistema penitenciário. São Paulo: IDDD, 2017.

SARMENTO, Daniel. A dimensão objetiva dos direitos fundamentais: fragmentos de uma teoria. In **Jurisdição constitucional e direitos fundamentais,** coordenador José Adércio Leite Sampaio. Belo Horizonte: Del Rey, 2003.

SILVA, César Dario Mariano da. **Manual de direito penal:** parte geral e parte especial do Código Penal. 7 ed. Rio de Janeiro: GZ Ed. 2011.

SILVA, José Adaumir Arruda da. **A privatização de presídios:** uma ressocialização perversa. Rio de Janeiro: Revan 2016.

VARELLA, Drauzio. Carcereiros. São Paulo: Companhia das Letras, 2012.

VAZ, Laurita. Trabalho penitenciário. **Justiça e cidadania.** Rio de janeiro, v. 29, dez. 2012.

ZAFFARONI, Eugenio Raúl. **A palavra dos mortos: conferências de criminologia cautelar**. São Paulo: Saraiva, 2012.

Créditos das fotos:

Fotos de 01 a 10: Leandro Bezerra de Sousa, Gerente de Reintegração Social Trabalho e Renda da Secretaria de Cidadania e Justiça do Estado do Tocantins.

Fotos 11 e 12: Rondinele Alves Lima, Chefe da Casa de Prisão provisória de Dianópolis (CPPD).

Impresso em setembro de 2020